意味変（イミ・ヘン）語彙力帳

【監修】
神永 曉

【イラスト・マンガ】
dollly

SOGO HOREI PUBLISHING CO., LTD

監修者はじめに

自分とは違う世代の人、上司や部下とコミュニケーションを取ろうとして、どうしたわけか言葉がうまく通じないと感じたことはありませんか？　ひょっとするとそれは、世代が違うために、言葉が通じ合えないせいかもしれません。ただし通じ合えない言葉と言っても、一定の世代しか知らない流行語のことではありません。同じ言葉なのに、世代によって使っている意味や用法が異なる言葉のことです。同じ言葉なのに、それぞれの世代で全く別の意味で捉えているわけですから、コミュニケーションがうまく取れないのは当然です。

本書は、そうした世代によって意味の理解が違う言葉を日常語の中から厳選して、「本来の意味」と「変化した意味」との違いを解説しました。言葉は常に変化するものです。その変化の実態を知れば、少しでも世代間のギャップを埋めることができるかもしれないのです。

上司や部下とのコミュニケーションに悩んだら、本書を手に取ってみてください。言葉のギャップの原因をあなたのほうから学び、上司や部下に、あなたのほうから近寄って、コミュニケーション不全を解消していただきたいのです。

◆凡例　本書について

本書は、『日本国語大辞典』第二版（小学館）、『デジタル大辞泉』（小学館）、『大辞林』第四版（三省堂）、『広辞苑』第七版（岩波書店）、『三省堂国語辞典』第八版（三省堂）を参考にして解説を施した。

見出し語は、時代とともに意味が変化してきた語（誤用含む）を、広範囲にわたり厳選した。配列はその語の読みの五十音順とした。

同一の語を使用していても、世代によって認識している意味が異なるために、コミュニケーションに齟齬（そご）が生じないようにすることを第一の目的とした。また、面白さも十分考慮に入れ、読者がとにかく楽しみながら読めることを目指した。

混同している可能性のある語についても、よく日常的に使用される語を厳選して掲載した。

巻末に総索引を設け、検索・閲覧の便宜を図った。

※本書の内容は全て２０２３年８月現在のものである。

ここで、本書の大きなテーマともなっている「誤用」という言葉について説明しておこうと思う。

ごよう【誤用】（名）本来の用法と違った用い方をすること。間違った用法。（『大辞林』）

本来の用法と違っているからといって、それが存在する理由を検討しなくていいというわけではないはずだ。成立してから現在までに、全く変化がなかった言語はおそらく一つもないだろう。最初は「誤用」や「言葉の乱れ」として異端扱いされても、使い続けることによって現在の姿になっているのである。

【使用上の注意】「揚げ足取ラー」にならないよう、マナーを守って読んでほしい。

※揚げ足取ラー：本書に掲載している言葉や意味について揚げ足を取ろうと息巻いている人たち

もくじ

本書の水先案内人（鳥？）

ホン・イミ部長

ベテラン社員。いつの頃からかベテラン。ベテランと呼ばれることに煩わしさを感じるものの、内心、そんなに悪くもないかとも思い始めているお年頃。

イミ・ヘンドリクスくん

若手社員。若手若手と言われながらも、インターンシップでバリバリ率先して働いていたので、それなりに即戦力な有望株。

本書の見方

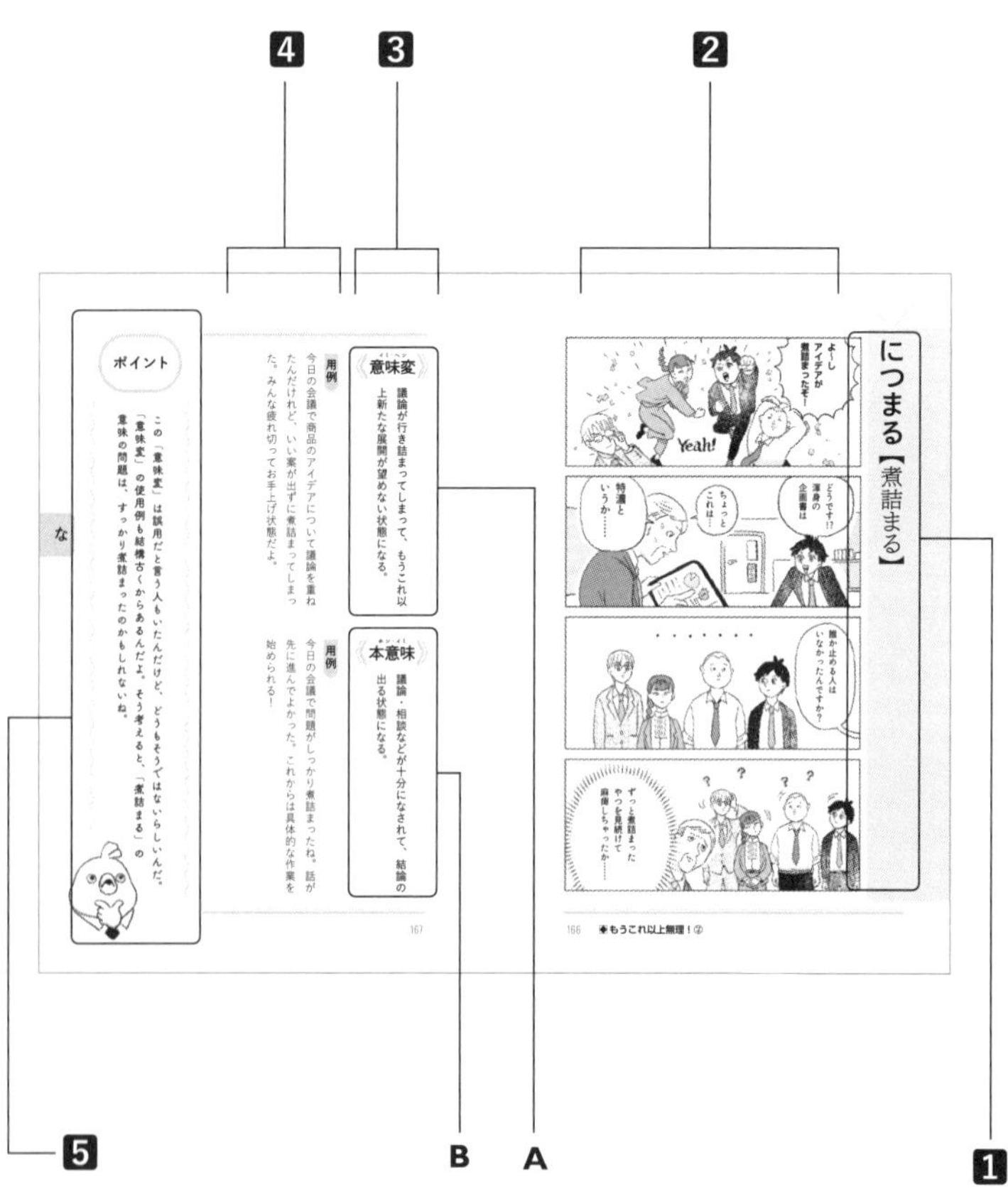

4
3
2
にっまる【煮詰まる】
よ〜し
アイデアが
煮詰まったぞ！
Yeah!
どうです!?
渾身の
企画書は
ちょっと
これは…
特濃と
いうか……
誰か止める人は
いなかったんですか？
・・・・・・・
?
?
?
?
ずっと煮詰まった
やつを見続けて
麻痺しちゃったか……
166
もうこれ以上無理！②
《意味変》
議論が行き詰まってしまって、もうこれ以上新たな展開が望めない状態になる。
用例
今日の会議で商品のアイデアについて議論を重ねたんだけれど、いい案が出ずに煮詰まってしまった。みんな疲れ切ってお手上げ状態だよ。
《本意味》
議論・相談などが十分になされて、結論の出る状態になる。
用例
今日の会議で問題がしっかり煮詰まったね。話が先に進んでよかった。これからは具体的な作業を始められる！
167
な
ポイント
この「意味変」は誤用だと言う人もいたんだけど、どうもそうではないらしいんだ。「意味変」の使用例も結構古くからあるんだよ。そう考えると、「煮詰まる」の意味の問題は、すっかり煮詰まったのかもしれないね。
5
B
A
1

1 見出し語

見出し語は、時代とともに変化してきた意味を持つ語を、広範囲にわたり厳選した。また、「現代仮名遣い」によって示した。

長音符号の考え方：長音符号「ー」は、直前のかなの母音と同じとして扱った。（例）コーラは「コオラ」の位置に配列。

2 マンガ

使用場面をイメージできるよう、見出し語ごとにマンガを掲載した。

3 見出し語の意味

見出し語がどのような意味で使われているか、簡潔に示した。それらの意味は、**A**「意味変」、**B**「本意味」とした。

A 意味変（イミ・ヘン）：「意味が変化した」の意。主に10～30代の若い世代、また、一般に多く使われるようになった、変化してきた意味として示した。中には誤用も含まれる。

B 本意味（ホン・イミ）：「本来の意味」の意。40代以上の多くの人が認識している、本来の意味として示した。

4 用例

その見出し語が、「意味変」「本意味」において実際にどう用いられるか、具体的な用例をさまざまな文体で示した。本書は、ビジネスパーソンを主な読者層としているが、ビジネスシーンに限らず文例を示した。なお、人名や作名などについては、全て実在する特定のものを示していない。

5 ポイント

見出し語の補足解説などを簡潔に示した。

あいもかわらず【相も変わらず】

◆え、なになに？　それって褒めてくれてる？

《意味変（イミ・ヘン）》

〔肯定的な意味で〕以前と同じように。相変わらず。

用例

小林さん、相も変わらぬご活躍のようで何よりです。こっち（お金のハンドサイン）のほうもさぞ……。へへっ。

《本意味（ホン・イミ）》

〔よくない事態について〕「相変わらず」を強めた言い方。

用例

相も変わらぬ店の空き具合で、最近よく涙が出るようになったよ……。コンサル雇おうかな。誰かいい人知ってる？

ポイント

「相変わらず」とほとんど同じ意味だが、「も」が入ることで負の意味合いが強まって、よくない状態のままである場合に用いられることが多いぞ。よい状態が続くような場合に用いるのも間違いではないけれど、ちょっと皮肉に聞こえることもあるから要注意。魔の「も」だな。

あくうんがつよい【悪運が強い】

ドオオオオン
ひっ

チッ
悪運の強いヤツめ！

確かに
サイアークさまは巨悪の長（おさ）……
その悪から見れば正義の側こそ悪

アイツはまさに悪運が強いと言えますね！
ウン ウン
え、なになに……？
こんがらがっちゃうから やめてよぉ……

あ

意味変（イミ・ヘン）

不運が訪れても危機一髪で回避できる。

用例

ひどい事故にあったのに、目の前にデカい病院があってよかったな。全く、悪運が強いやつめ。これに懲りたら、車を運転するときは十分に気をつけるんだな。

本意味（ホン・イミ）

悪いことをしながら、その報いを受けないどころか、かえって栄えている。

用例

井上のやつ、人の企画を奪っておいて、その相手に謝りもしないどころか、今その企画がうまくいっているらしいんだよ。悪運が強いよなあ。どこかで痛い目をみせてやらないと、やってらんねえぜ。

ポイント

悪事をはたらいている悪いやつ、嫌なやつに対して使うなら効果がある語かも。相手が「意味変」で認識しているなら、「お前は嫌なやつです」と暗に伝えられるぞ。殴られても責任は取れないけどね。

あたまがさがる【頭が下がる】

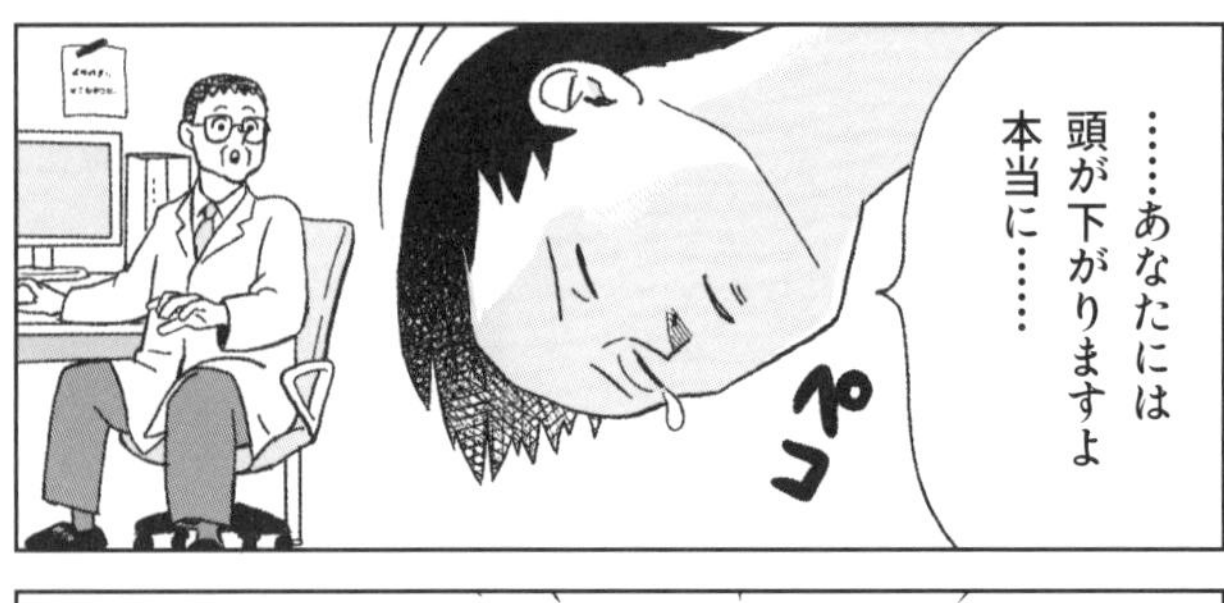

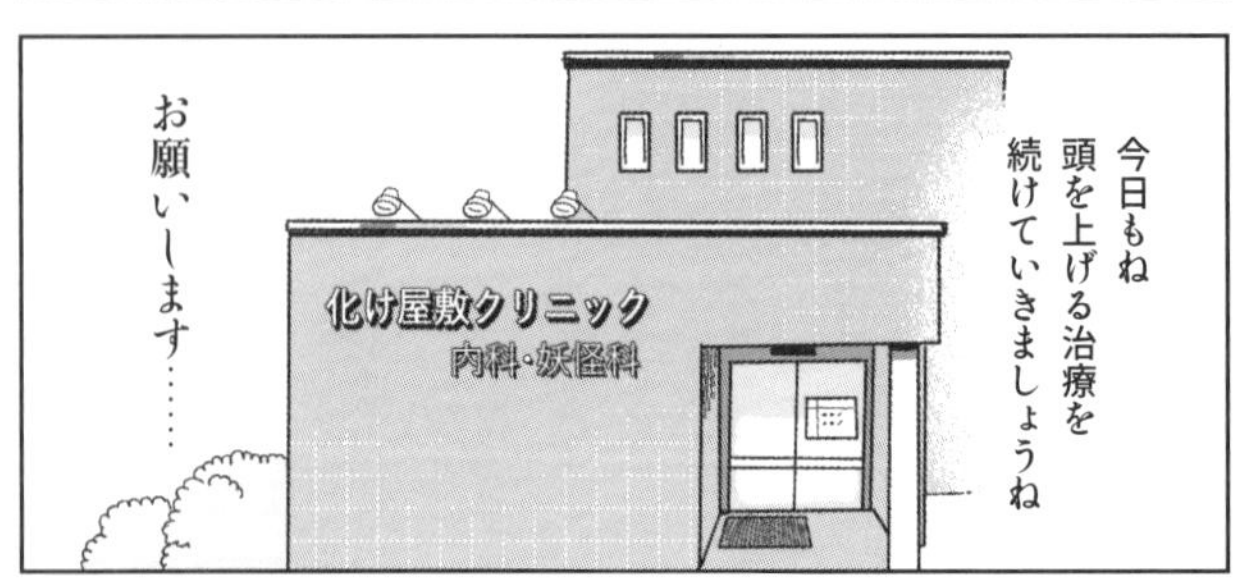

◆こう言いつつ、物理的に頭下げてる人いないよね

あ

意味変（イミ・ヘン）

相手に対して負い目があって、対等に振る舞えない。

用例

学生の頃からいろいろな意味でお世話になっている小林さんには、頭が下がりますよ。二人の間に何があったかって？　それは、ここでは言えないですね。

本意味（ホン・イミ）

〔敬服の念がわくと、相手に対して自然に頭が下がることから〕敬服しないではいられない。感服する。

用例

いつも通常業務で忙しいのに、さらにこんなすごい企画を考えてくるなんて。どうやって時間をつくって、どれだけ努力し続けているんだろう。小林さんには頭が下がるなあ。

ポイント

相手との立場は関係ないんだね。「意味変」で使う場合は、「頭が上がらない」と言うのがいいかも。どちらにせよ、頭は下がっている状態だね。つまりは土下座かな？　大●田常務元気かな……。

アダルトチルドレン【adult children】

もぉ〜
ワガママで企画をめちゃめちゃにして！
あの人ってアダルトチルドレ……
ポンッ

モガ…
冗談や悪口で使う言葉じゃないって……

WOW

チルドレン見せ物じゃないよ
ヒューッ
アダルティ〜〜

あ

《意味変（イミ・ヘン）》

子どもみたいな大人。大人になりきれない大人。

用例

私の部署の千原さん、自分の思い通りにならなかったらすぐ拗（す）ねて無視してくるんだけど。めっちゃアダルトチルドレンじゃね？

《本意味（ホン・イミ）》

アルコール依存症の親のもとで育った大人。また、幼少期に親の過干渉・虐待などを受けたことにより、成長してから精神的なさまざまな障害に陥っている人。

用例

私、いわゆるアダルトチルドレンなんだよね。だからずっと自己肯定感が低かったんだけど、小林さんに出会ってから自分のことを受け入れられるようになってきたんだ。

ポイント

「アダルトチルドレン」というこの言葉を、もしつい使ってしまうという場合には要注意。まず「そもそもアダルトチルドレンって言葉はさ……」という前置きから会話を始めるのがいいいかも。

あめもよう・あまもよう【雨模様】

◆雨は降ってんのかい? 降ってないのかい? どっちなんだい?

《意味変（イミ・ヘン）》

小雨が降ったりやんだりしている様子。また、現に雨が降っているさま。

用例
天気予報で午後に雨は降らないって言っていたのに、窓の外を見たら雨模様でびっくりしたよ。天気予報当たらないなあ。

《本意味（ホン・イミ）》

どんよりと曇って、雨の降り出しそうな空の様子。

用例
今日はなんだか雨模様だなあ。傘を持っていないから、雨が降る前に家に帰ろう。ドラマみたいな出会いがあるわけでもなし。

あ

ポイント

「意味変」のように思う気持ちもわからないでではないが、「雨模様」は雨が降っていることを表しているわけではない。よくある「空が今にも泣き出しそうだ……」というのと同じなんだな。

あわや

《意味変》（イミ・ヘン）

（単に）あと少しで。

用例

（味方チームの打撃を）あわやホームランかという当たりだったなあ。惜しかった！　あれだな、岡村はもっと腰を入れないとダメだな。

《本意味》（ホン・イミ）

もう少しで危機が起こりそうなさま。今にも。危うく。すんでのところで。

用例

矢部が混雑している道路でバナナを踏んで滑ったとき、ドミノ倒しになるかと思ったよ。あわや大惨事になるところだったんだからな。たまには足元見て歩けよな。下にもいいことがあるかもしれないだろ。お金が落ちてるとかさ。

あ

ポイント

幸運や成功について言うのは「意味変」だぞ。もともとは、何か事が起ころうとするときや、「あっ」「大変だ」「あれっ」というように、驚いたときに発する語だったんだ。そう覚えておくといいかもな。

あんさつ【暗殺】

◆どうしたんですか？　隠密っぽい格好して

あ

《意味変》

人気のない場所で、暗闇に隠れて人を殺すこと。

用例

通り魔に暗殺されるかと思ったよ、本当に驚いた。お前だったのか。特に夜は、背後から静かに近づくんじゃあないよ。「千原でーす!」って自己紹介しながら歩いてこい。

《本意味》

(主に政治的な理由で)要人を密かに狙って殺すこと。

用例

おい、速報で流れているニュース見たか? 大統領が暗殺されたってよ! まだ動機は報道されていないから、これからわかっていくんだと思う。

ポイント

似た意味の言葉に「闇討ち」があるけど、これは闇に紛れて人を襲うことや、不意を襲うことを言うよ。「闇討ち」の「闇」は暗いという意味だけど、「暗殺」の「暗」は、密かにという意味なんだ。ややこしいね。

いかんにおもう【遺憾に思う】

あなたのせいで……
これ全部チェックし直しです!!
そおなんですか……

誠に遺憾ですぅ……

パラパラ…
?

そりゃ私も残念ですって意味じゃないか!
ごめんなさいでしょうー!!
ワハハーッ

◆「誠に遺憾に思います……」(謝ってないよーん。ぺろぺろ)

あ

《意味変（イミ・ヘン）》

謝罪の言葉。

用例

今回の私どもの不祥事により、関係者の方々に多大なご迷惑とご心配をおかけしておりますこと、誠に遺憾に思います。

《本意味（ホン・イミ）》

思っているようにならなくて心残りであること。残念に思うさま。

用例

思うように売り上げが伸びず、このプロジェクトを中断せざるを得ない結果となり、誠に遺憾に思います。

ポイント

政治家が謝罪会見でよく「遺憾」という言葉を使っているが、謝罪の意味もなければ、政治用語でもない。彼らは、決して自分の非を認めて謝っているわけではないんだ。「こんなことになって私も本当に残念に思っているよ〜」と言っているだけ。なんてこった！

いぎたない【寝穢い】

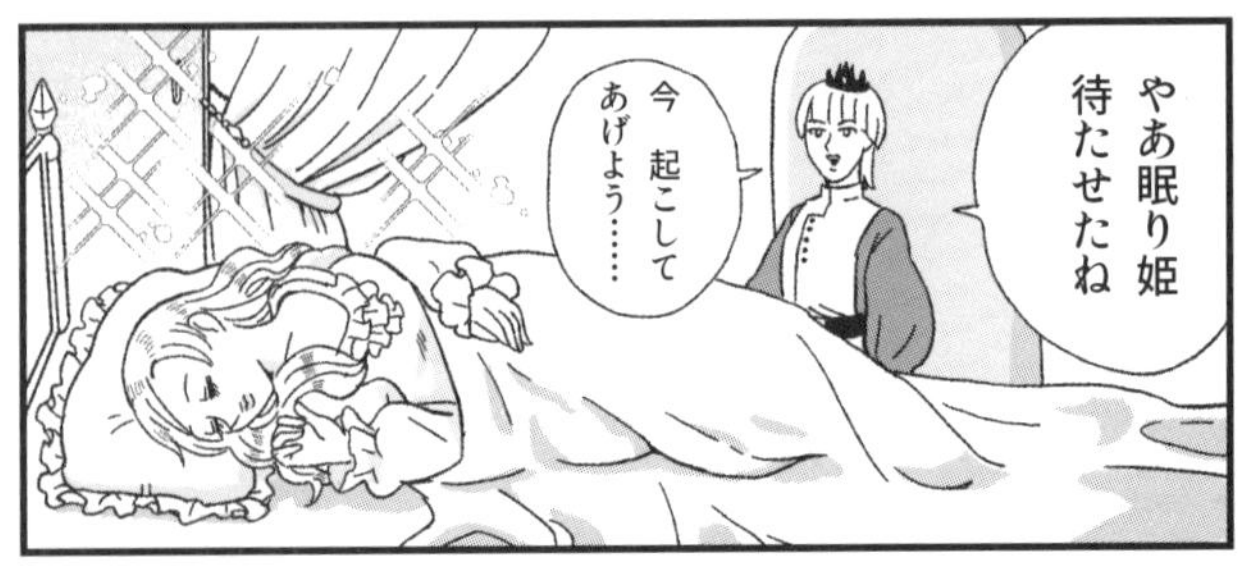

◆こんな眠り姫は嫌だ！「だらしなく」、「眠りこけている」

《意味変（イミ・ヘン）》

だらしない。見苦しい。意地汚い。

用例

井上の食べ方は寝穢いよなあ。一緒に食事をしたくないよ。うまい飯もまずくなる。だから最近は、井上との食事をいかにスマートに避けられるかに神経を使っているよ。

《本意味（ホン・イミ）》

❶いつまでも眠っている。眠りを貪（むさぼ）っている。

❷寝相が悪い。

用例

❶私の息子は休みの日に寝穢く眠りこけているのよ。どうにかならないもんかしら。

❷朝起きたら枕と掛け布団がなくて、さらにはベッドから落ちていたんだよね。私って普段寝穢いんだなって思ったよ。誰か縛ってくれないかな。

ポイント

「い」は「寝る」という意味で、本来は、意地汚い・食べ方が見苦しいという意味はないんだな。だから、そうした場面で使ってしまうと、全く脈絡のない、関係のない話を急にし始めてどうしたんだと心配されかねない。注意したほうがいいぞ。

いそいそ

◆私の“いそいそ”返してよ……！

意味変（イミ・ヘン）

せわしないさま。

用例

待ち合わせ時刻が迫っているため、いそいそと支度をして目的地に向かった。

本意味（ホン・イミ）

動作にうれしさのあふれているさまを言う。

用例

昨日から楽しみにしていた小林さんとの約束のために、朝からいそいそと支度に取りかかった。

ポイント

言葉の持つ音から、忙しい動きを連想してしまう人がいるかも。相手に伝わらなさそうだと思ったら、「うきうき」などと言うほうがいいかもね。

いちじがばんじ【一事が万事】

◆ところで、「人間万事塞翁が馬」って、なんで馬なんだと思う？

意味変（イミ・ヘン）

〔よい意味合いで〕全般にわたって、全て。

用例

今週は仕事が一事が万事うまくいったなあ。帳尻合わせで来週嫌なことが起こらないといいけど。犬のフン踏むとかさ。

本意味（ホン・イミ）

一つの行為・事柄から、他の全ての行為・事柄が推察できる。

用例

千原さんってさ、怒ってるときはもちろんだけど、機嫌がいいときも悲しいときも声が大きいじゃん？　一事が万事そうなの？　ＴＰＯとか感情とか関係ない感じ？

ポイント

「一つのことから全てのこと」だから、「全て」という意味ではないんだね。「一事が万事うまくいった！」と使いがちだけれど、そんなときは「一事が」の部分を取れば、誰が聞いても納得する意味になるよ。

いっぽんじめ【一本締め】

◆さあ、お手を拝借～～～！　よぉーっ……？

意味変（イミ・ヘン）

「よぉーっ」などのかけ声の後に、一回だけ手を叩く手締めをすること。一丁締め。

用例

「いやはや、今日はありがとうございました。そろそろお開きにさせていただきます。お手を拝借！ よぉーっ」パンッ！

本意味（ホン・イミ）

儀式や宴会などの終わりに、一回だけ三、三、三、一のリズムで手締めをすること。

用例

「今日は楽しかったですね。締めの挨拶とさせてください。お手を拝借！ よぉーっ」パパパン、パパパン、パパパン、パン！

ポイント

一本締めをするとき、おそらくその場のみんなが一斉に「あれ、どっちだっけ？」と考えを巡らせているのではないかな。そんなとき、あなただけ本来の一本締めをしたとしたら、最後に笑いを独り占めできる……かもしれない。

いんぎん【慇懃】

シャキ
シャキ

いつでも礼儀正しくて
丁寧な小林さん

意味変（イミ・ヘン）

（慇懃の派生語である「慇懃無礼」の意味から）失礼な態度。

※慇懃無礼＝表面の態度は丁寧に見えるが、実は尊大で無礼なこと（さま）。

用例

さっき送っていたメール、慇懃な印象を与えかねない文章だった。社外に送るメールはもっと文体も気をつけましょう。

本意味（ホン・イミ）

礼儀正しく、丁寧なこと（さま）。

用例

松本商事の浜田さんとは初めての顔合わせだったため、慇懃なご挨拶をいただいた。

ポイント

本当は礼儀正しいというポジティブな意味を持つ言葉だけど、正反対の無礼な意味も浸透し始めている。これは「慇懃無礼」の意味だから、使用するときは、「慇懃」なのか「慇懃無礼」なのか、改めて確認してみよう。

うがったみかた【穿った見方】

 ◆センパァァァイ、ドリルせんのかい？

あ

《意味変（イミ・ヘン）》

事の裏面の事情を詮索する。疑ってかかる。

用例

井上さんは、なぜ人の善意に対してあんなにも穿った見方をするんだろう。人の気持ちがわからない、デリカシーのない人だなあ。

《本意味（ホン・イミ）》

物事の本質を的確に捉える。

用例

小林さんは、人の様子や言動から穿った見方ができる人なんだなあ。私もそうなれるように、もっと周りに目を向けて仕事をしよう。

ポイント

本来は、ポジティブな意味を持つ言葉なんだ。この言葉を人の悪口のために使用するあなたこそ、「穿った見方」をしていると言えるかも！

うきあしだつ【浮き足立つ】

《意味変（イミ・ヘン）》

わくわく、うきうき、そわそわと、期待や喜びで浮かれている様子。

用例

もうすぐ恋人との一周年記念日なんだ。その日のデートに今から浮き足立っているよ。

《本意味（ホン・イミ）》

（つま先だけが地についた状態で立つ意）今にも逃げ出しそうな状態をたとえて言う。恐れや不安を感じて逃げ腰になる。落ち着きがなくなる。

用例

絶対に勝ち取りたい企業コンペを前にして、浮き足立ってきた。落ち着けー落ち着けー。私ならできる、大丈夫だ！

ポイント

本当は恐れや不安を感じていることを表す言葉。うきうき浮かれている様子として使用されているのは、浮かれるという意味を連想する「浮く」が使用されているからかも。「意味変」のほうで使うと、不安に感じていると誤解されることもあるので注意が必要だよ。

うそぶく【嘯く】

不動産で成功して……
宇宙旅行を毎年して……
嘘ついてる？
いや……あのまっすぐな目を見てみろよ

投資
アーリーリタイア
嘯いているんだ
海外に別荘
夢と言うにはでかすぎるよね……

《本意味（ホン・イミ）》

❶とぼけて知らないふりをする。
❷大きなことを言う。

用例

❶「自分は悪くない、運が悪かっただけだ」と嘯く犯人。
❷現状何も成果を出せていないのに、この業界で世界一になってみせると嘯く。

《意味変（イミ・ヘン）》

嘘をつく。

用例

彼は、自分が属する企業で営業トップの成績だと嘯いた。どこからかその嘘がバレて、恥をかかないといいけど。

あ

ポイント

「うそ」という言葉が入っているため、嘘をつくという意味で取られているんだね。本来の意味は、嘘はついていないまでも、豪語するという意味。どちらにせよ、いい意味の表現でないことは同じだ。

うそもほうべん【嘘も方便】

◆勇気づけられていたのは俺のほうだったよ……

《意味変》

（悪事のためなら）嘘をつくことも許されるという意。

用例

あいつのために警察に嘘のアリバイを証言した。嘘も方便だよ。なんとか免れるといいな。

《本意味》

よい結果を得る手段として、時には嘘が必要なこともあるという意。

用例

嘘も方便と言うから、親を心配させないために仕事もプライベートも順調で毎日楽しいということにしておいた。その後一人になって、なぜか心が寂しくなったよ。

ポイント

あくまで、本当のことを言わないほうがよい状況において許されるものであって、悪事のためにつく嘘まで許されるわけではないよ。ただ、何でも本当のことを話せばいいってことでもないんだな……。（経験者談）

うみせんやません【海千山千】

海に千年
山に千年
住んだ蛇（じゃ）は
竜になる
という

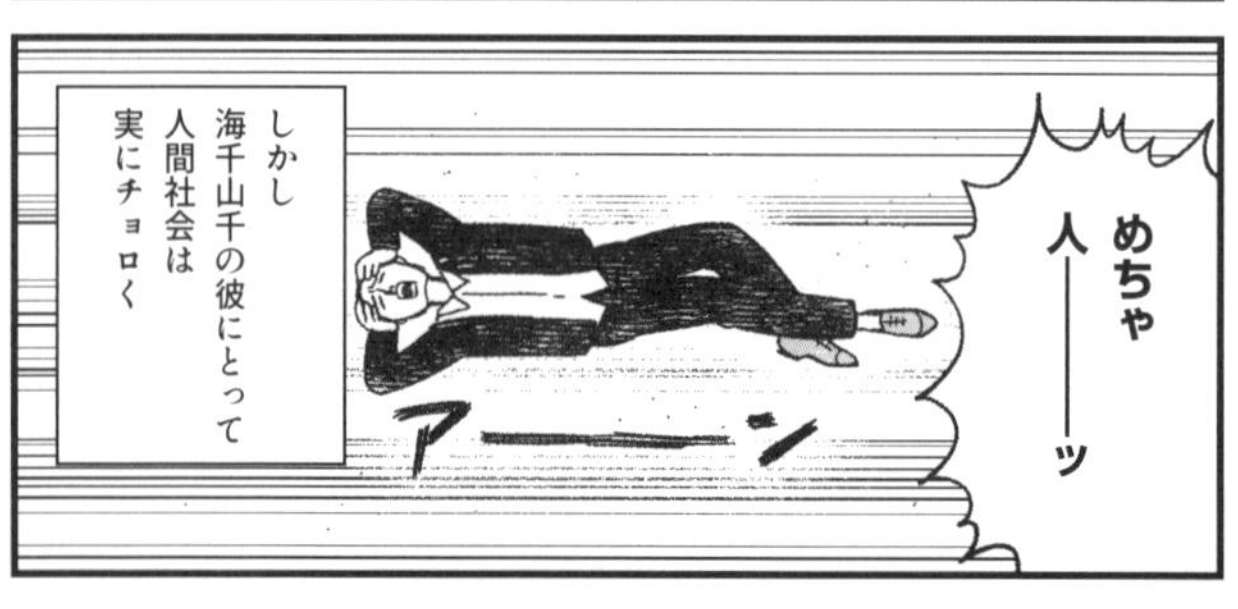

《意味変（イミ・ヘン）》

多くの芸事や技術などの経験を積んでいること。物事をよく知っていること。経験豊かなこと。

用例

浜田さんは海千山千でいらして、本当に素晴らしいですね。

《本意味（ホン・イミ）》

〔海に千年、山に千年住んだ蛇は竜になるという言い伝えから〕さまざまな経験を積み、物事の表裏を知り尽くしていてずる賢いこと。また、そういう人。

用例

あそこの店主は海千山千だ。うまく客を言いくるめて商売をしている。注意したほうがいい。

ポイント

本来この言葉は、よい意味で使うものではないんだね。だから、目上の人にこの言葉を誤って使ってしまうと、とんでもない失礼にあたるから要注意！「あなたはずる賢いですね」なんて言っているのと同じだ。きっと張り手が飛んでくるぞ！

おうどう【王道】

これ話題のマンガ
すっごい王道で……
へー
フーン　ま
王道は政治用語
なんですケドね

王道
マンガだったわ
俺は…
この国の政治を
立て直す
しかし
立場は
どうです
…
泣せる…

《意味変（イミ・ヘン）》

❶最も正当な道・方法。
❷楽な道。近道。

用例

❶最近人気が出てきているあの少年マンガは、ストーリーやキャラクターも王道路線だよね。

❷商売や学問に、王道はないぞ。ひたすら勉強を頑張るしかないんだ！

《本意味（ホン・イミ）》

仁徳に基づいて政治を行うこと。儒家の理想とする政治思想で、孟子によって大成された。

用例

いい悪いは置いておいて、あの国の大統領が進める政治の思想は、まさに王道のそれだ。

ポイント

本来は、儒教で使われた言葉なんだね。今の日本の政治には王道なんてないかもね。総理大臣がコロコロ代わるし……。

おもむろに【徐に】

徐さん
ゆる～～
徐さんは
なんでもゆったり
しているなあ

ゆる～
ゆるる～
あっあっ
徐さん
二人が
ぶつかっちゃう……っ

ギュウウウウウウ

バタン
徐々
あんまり
徐じゃ
ない感じに

《意味変》

イミ・ヘン

不意に事を始めるさま。急に、いきなり。

用例

彼女が徐に髪をかき上げたため、思わずドキッとしてしまった。

《本意味》

ホン・イミ

落ち着いて、ゆっくりと事を始めるさま。ゆったりしたさま。

用例

徐に口を開き、徐にものを食べる彼女の動作を見ると、なんだか時間までゆっくりと流れているような気分になる。

ポイント

不意に、急に、いきなりという意味で使われることも増えてきているけれど、ゆっくりとした動作が〝本意味〟なんだね。「徐行運転」の徐。漢字を見てみると本来の意味を連想しやすいぞ。「おもむろ」と、ひらがなで書くことも多いけどね……。

おんのじ【御の字】

◆御の字すぎて私の何を犠牲にすれば……？

《意味変（イミ・ヘン）》

満足とは言えないが、一応納得できること。

用例

まあ、今日中にここまでできれば御の字だろう。あとは明日の自分に任せよう。全面的に信じてる。

《本意味（ホン・イミ）》

〔もと遊里語。「御」という字をつけたくなるほどのものという意味から〕とてもありがたいこと。極めて満足なこと。

用例

この仕事内容で50万円ももらえるのなら御の字だ。これからも仕事を依頼してもらえるように頑張ろう。

ポイント

本来は上等な物や満足のいくことに対して使われる言葉。それが、満足ではないけれど一応は納得できるよ、という意味で使われているんだね。時代とともに言葉は変わるものだけれど、少し寂しい意味に変化した言葉だ。

かきよう【佳境】

よく佳境に
入るって言うけど
「盛り上がってる
今の状況」も
「物語の面白いところ」
も指すんだって

僕たちは
どっちだろうね
ワー
どっちも
どっちも!
ワー
わかったから
戦ってぇー!!

《意味変（イミ・ヘン）》

状況が最盛期や頂点にさしかかること。

用例 仕事のプロジェクトが佳境に入って、みんなに疲れが出てきたのがわかる。

《本意味（ホン・イミ）》

（小説や話などの）興味深い場面。面白いところ。

用例 頼むよ、『パープル・エヴァーガーデン』の話が佳境に入っているんだから……グスッ……話しかけないでちょっと静かにしててくれよ。ううっ……グスッ……。

か

ポイント

「佳境に入る」「佳境を迎える」の形で、最近はどちらの意味でも使うんじゃないかな？　優れた境地という意味があるから、期待と疾走感、夢中度などが伝わる、「生」感のある言葉だよね。

かきん【課金】

ハ～ァ
課金しなきゃ……
ゲームの
話？
いや
自分の家に

庭を
ショートカット
してく人が
多くて……
ズ…
私有地に
つき
通行料5000円
世知辛い
ねえ……

意味変（イミ・ヘン）

オンラインゲームなどでお金を支払って、アイテムなどを手に入れたり、アップグレードしたりすること。

用例
今ハマってる『ドラハン』に今月めちゃめちゃ課金しちゃってさ、来月の請求が怖いよ……。

本意味（ホン・イミ）

支払いを課すること。また、その金。

用例
高速道路を車で走っているが、目的地を特に決めていなかったので、どんどん課金されていく。

ポイント

「意味変」は、若者を中心に定着しているぞ。オンラインゲームで欲しいレアアイテムやスキンを課金。どんどん課金。けれどそんなときはいったん、温かいコーヒーでも飲んで心を落ち着かせてみよう。……っあ、17時から激レアアイテムが解禁されるんだった！

かくしんはん【確信犯】

ドン
あ
すみません
パラ

《意味変（イミ・ヘン）》

あることが悪いことだとあらかじめわかっていながら、そのようにすること。またそのようにする人。

用例
誠子、初対面のときに小林さんにコーヒーをこぼしていたけど、あれで気を引いていたんだな。確信犯だ。俺を弟子にしてくれ。

《本意味（ホン・イミ）》

思想的・宗教的・政治的な信念に基づき、自らの行為を正しいと信じてなされる犯行。思想犯・政治犯・国事犯など。

用例
昨日私鉄の駅前で演説をしていた政治家が襲われた事件だけど、犯人のSNSにいろいろ無視できない事情が書かれていたみたいだよ。確信犯だったのだろうか。

ポイント

しっかりしたたくらみのもと行われた行動だったと、少し笑い話のようなニュアンスを含む場面でも使われるようになったね。政治的な信念のもと罪を犯した人に対してあまり言わなくなったのは、日本ではそれを断定することが難しくなっているからかも。

かつあい【割愛】

ここは時間の
都合で割愛
させていただきます
え〜
フム

本当に……
時間さえ
あれば……

ツウーー…

もう……!
いいですよ語って!
ガタ
泣くほどの
部分なんでしょう!?

《意味変(イミ・ヘン)》

不必要なものを切り捨てること。省略すること。

用例 本日は時間が限られているため、この詳細な説明は不要と思われますので割愛します。では、次の説明に進みます。

《本意味(ホン・イミ)》

惜しいと思いながらも、捨てたり省略したりすること。

用例 これは私の専門分野なのでぜひ皆さんに紹介したいところなのですが、本題からそれてしまうので、今回各論の説明は割愛します。また別の機会で話させてください。

ポイント

時間がないから、不要だから今は省略して先に進めるという意図で使用することが多くなった言葉。けれどよくこの漢字を見てみると、「愛」が入っているよね。愛着があるものを、泣く泣く省略するということを表しているんだ。そこに「愛」は、あるんか?

かっぱのかわながれ【河童の川流れ】

ママー
あの河童
余裕で泳いでる！

本当だ
すごいねぇ

◆河童は泳ぎが得意ってことにしといてください

《意味変（イミ・ヘン）》

〔河童が川の流れに乗ってすいすい泳ぐことから〕極めて簡単なこと、得意とするところの意。

用例

この種類の仕事は河童の川流れだよ。大丈夫、私がやっておくから帰っていいよ。今は時間がないから私がやるけど、今度はゆっくりでいいから自分でやってみよう。

《本意味（ホン・イミ）》

〔水中を自由に泳ぐ河童でも、時には水に押し流される場合があるということから〕達人と言われる人でも失敗することがある。

用例

何十年もこの仕事をしている小林さんが、この間失敗していたんだ。河童の川流れってやつだね。けど、やっぱりすごいと思ったのは、その失敗の後の挽回とか修正の速度と対応力だよ。君にも見てほしかったなあ。とても尊敬するよ。

ポイント

どちらも得意なことを意味しているけれど、達人と言えるほどの人が「どう」なるのかという部分が違うよね。どれだけ精通している人でも失敗はあるから油断禁物！類似表現に、「弘法にも筆の誤り」「猿も木から落ちる」「上手の手から水が漏る」などがあるよ。

からとう【辛党】

◆好きの反対は無関心。甘いの反対は……？

《本意味（ホン・イミ）》

菓子などの甘い物よりも、酒類が好きな人。

用例

このお菓子めっちゃうまいのにいらないのかよ？　甘い物苦手なんだっけ？　それより酒？　お前酒めっちゃ飲むもんな。この前一人で一升瓶空けたんだろ？　俺も辛党だと思ってたけど、お前には負けるわ……。

《意味変（イミ・ヘン）》

辛い物好きで、よく辛い物を食べる人のこと。

用例

え、何やってんの!?　ラーメンのスープ真っ赤になってんじゃん！　それめっちゃ辛い唐辛子だろ？　どんだけかけたんだよ。お前まじで辛党すぎるよ。お前の舌、麻痺してると思うね俺は。

ポイント

甘党辛党、甘い物の反対は辛い物、と思ってしまうけれど、もともとは、甘いお菓子の反対はお酒だったんだね。私は酒が好きだが甘い物も好きな両党だよ！　世界にはうめーもんがあふれててオラわくわくすっぞ！

かれきもやまのにぎわい【枯れ木も山の賑わい】

結婚式さー

俺の親戚呼んでも
枯れ木も山の賑わいに
しかならないけど……

人数減らさん？

それでもいーの！
会場いっぱいになれば！

ザム　ザム…

だから
言ったのに……

ふぇえ…

《意味変（イミ・ヘン）》

人が多いほうが賑やかでよい。

用例 枯れ木も山の賑わいですので、遠慮なさらずご参加ください。

《本意味（ホン・イミ）》

枯れ木でも山に趣を添えるのに役立つ。つまらぬものでも無いよりはましである。

用例 なんとなく殺風景だと思っていたから、物置から引っ張り出してきた古い時計を置いてみたんだ。すごくいいとは言えないけれど、枯れ木も山の賑わいだよな。

ポイント

そもそも「枯れ木」と言うくらいだから、なんだか古びた、年老いたイメージがあるはず。お客さんや取引先の人に対して使用しないように注意しよう。「むっ、なんだ、私は枯れ木だって言うのか！　まだピチピチの新緑だぞ！」と怒られないように。

かわいいこにはたびをさせよ【可愛い子には旅をさせよ】

見える……
お前の子には魔王を倒す力がある！
なんと！

《意味変（イミ・ヘン）》

我が子を甘やかして旅をさせる。

用例

可愛い子には旅をさせよって言うじゃん？　だから先月、息子が行きたいって言っていたハワイに連れて行ってあげたんだよね。楽しんでくれたみたいでよかった。また連れて行ってあげようかな。

《本意味（ホン・イミ）》

子どもが可愛いければ、甘やかさずに世の中の苦しみやつらさを経験させたほうがよい。

用例

去年の夏、これも社会勉強だと思って、地方で農家をやってる親戚の家に息子を一人で一カ月間行かせたの。いろんな経験ができたみたいで、考え方が大人になって帰ってきたんだよね。まさに可愛い子には旅をさせよ。成功だったなあ。

ポイント

可愛い子を甘やかすために旅をさせるって！　嘘でしょ！　と思ってしまうけれど、最近は親も過保護になっているっていうから、そういうこともあるのかな……。でも、「子どもに旅をさせることは同じでも、目的が違うよ！」って言いたい。

かんわきゅうだい【閑話休題】

《意味変（イミ・ヘン）》

本題から脱線すること。

用例
ここまでで、このプロジェクトの本筋を説明しました。閑話休題ですが、この部分の「ミケツ」というのは……。

《本意味（ホン・イミ）》

〔「これまでの余談をやめる」の意〕話を本筋に戻すときに用いる語。それはさておき。さて。

用例
そうですね。枝葉に分かれた部分はその認識で間違いありません。閑話休題、先ほどの話に戻ると……。

ポイント

正反対の意味だけれど、〝意味変〟は「休題」という漢字から、少し話を休んで、という意味合いで捉えているのかも。しかし休題とは、今まで話していた話題をやめるという意味。この言葉は、余談がされているのは本題の前なのか後なのかという、時間経過が関わっていることを理解しておくのが大事だね。

か

きがおけない【気が置けない】

《意味変（イミ・ヘン）》

気配りが必要である。気が許せない、油断できない。

用例
今回のビジネス相手の千原さんは、とても厳格なくせにずる賢い、気が置けない人物だ。気を引き締めて挑もう。

《本意味（ホン・イミ）》

相手に対して、遠慮したり気を遣ったりしなくてよい。打ち解けられる。

用例
私と向井は小学生からの幼なじみで、何かあったらすぐに話せるような気が置けない仲だ。

ポイント

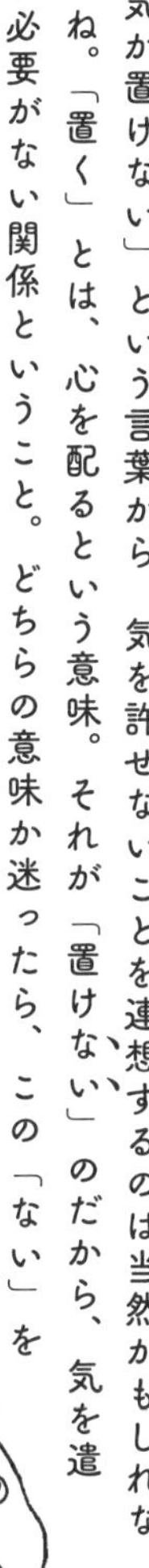

「気が置けない」という言葉から、気を許せないことを連想するのは当然かもしれないね。「置く」とは、心を配るという意味。それが「置けない」のだから、気を遣う必要がない関係ということ。どちらの意味か迷ったら、この「ない」を思い浮かべるといいかも。

きぐう【奇遇】

◆アッ、イヤア、奇遇デスネ!!!

《意味変(イミ・ヘン)》

思いがけずに同じ物を持っていること。

用例

「このあいだ、渋谷の雑貨屋でこのペンを買ったんだけど、とても書きやすいよ」

「奇遇だね、私も同じものを昨日買ったんだよ!」

《本意味(ホン・イミ)》

思いがけず出会うこと。不思議な巡り合わせ。

用例

突発的に企画した旅行だしマイナーな場所なのに、旅先で会うなんてすごく奇遇だね!

ポイント

本来は、物に対して使わないいんだね。その場合には、奇遇という言葉ではなくて、偶然という言葉を使ってもいいかも。使い分けができるようになるとかっこいいぞ!

ぎゃくぎれ【逆切れ】

◆「逆」、ガン無視してない？　怒っちゃうぞ？

《意味変（イミ・ヘン）》

怒るべき立場にある人が怒っていること。
攻撃された人間が逆襲すること。

用例

近所に住んでいるあの人、家の前にゴミを捨てられて逆切れしたらしいよ。嫌がらせなのかな？　そんなことされたら、たまったもんじゃないよね。

《本意味（ホン・イミ）》

怒られている人や責められている人が、逆に怒り出してしまうこと。俗な言い方。

用例

今日の千原さんの逆切れシーンやばかったね。あの人が起こしたトラブルなのに、なんで開き直って、挙げ句の果てに他の人に逆切れしてんだろう。みんなドン引きだったね。

ポイント

「逆ギレ」という語感から積極的に使ったり、「逆上」から連想して、単に怒っている人や怒るべき人が怒っているときにも使ったりしているのかも。でも、いずれにせよ俗な言い方なので、多用しないほうがいいかもな。

きゅう【杞憂】

私
可愛いし賢いし
大学行ったらモテすぎ
ちゃうかもな……
杞憂！ 杞憂！

無用な心配って
言いたいわけ〜!?
おお意味が
伝わってしまうとは
賢いのは本当だな

《本意味（ホン・イミ）》

〔中国古代の杞の国の人が、天がくずれ落ちてこないかと心配したという、「列子・天瑞」の故事による〕

必要のないことをあれこれと心配すること。取り越し苦労。

用例

先日起こったトラブルに対して、過剰な責任を感じて部下が落ち込みすぎていないかと心配していたが、いつも通り出社していつも通りの様子だった。先ほど念のため話しかけてみて大丈夫か聞いてみたが、全て杞憂のようで安心したよ。

《意味変（イミ・ヘン）》

心配。心を悩ますこと。

用例

低賃金で年金ももらえるかわからない今、将来のことを考えると杞憂だなあ……。最近増税ばかりだし、今生きるのさえ大変だよ。

ポイント

ただの心配という気持ちを表すときに、この「杞憂」という語を使っていないよね？ ただの杞憂ならいいんだけど……。

きんせんにふれる【琴線に触れる】

◆触れすぎるのも、なんかなあ……

意味変（イミ・ヘン）

怒りを買ってしまうこと。癇に障る。

用例

悪気はなかったんだけど、なんか俺の「お前の仕事の仕方って独特だよな」って言葉が井上の琴線に触れたみたいで、すげー怒られたんだよ。参った。気をつけなきゃな。

本意味（ホン・イミ）

（物事に触れてさまざまな思いを引き起こす心の動きを、琴の糸にたとえて）よいものや素晴らしいものに接して心を打たれることを言う語。

用例

先月京都に旅行したんだ。そこで寺院を見たとき、私の琴線に触れたみたいでさ。小学生の頃に夏休みの間おばあちゃん家で過ごした時間を思い出してうるっときちゃった。私おばあちゃんっ子だったんだよね。

ポイント

なんと、2015年度の文化庁の調査では、約3割以上の人が「意味変」で使用していることがわかったんだって。「癪に障る」とか「逆鱗に触れる」という言葉から連想しているのかも。心の琴線という言葉はとても綺麗な言葉だけれど、それを怒りの意味で捉えていると、会話の中で大きな齟齬が生まれてしまいそう。

くさばのかげ【草葉の陰】

ヨシッ
プレゼン
頑張ってくださいっ
草葉の陰から
見守ってます！

え……
それはご先祖さまが
見守っている的な
やつでは？
？
そう
ですよ

ドロン
確かに
面影あるな

……
なんで俺は
アイツの先祖に
見守られながら
プレゼンを……？

《意味変》

陰ながら。

用例

準備は万端整いましたね。明日のコンペ、頑張ってください。私はあなたの勇姿を草葉の陰から見守っています。

《本意味》

墓の下。あの世。草の陰。
〔墓に草が生えた、その草の葉の下という意味から〕

用例

亡くなってしまってとても悲しいよね。けど、きっとあなたのこれからの成長を、おじいさんは草葉の陰からそっと見守ってくれているよ。

か

ポイント

亡くなった人に対して言う言葉を、まだ生きている人に対して使っているのを聞くと、私だったら笑いがこみ上げて止められそうにないな。「陰ながら見守ってくれるの？わざわざあの世に行って……？」と思ってしまうよ。まだ現世で生きていくつもりの人は、使うときに注意しよう。

けがのこうみょう【怪我の功名】

本意味（ホン・イミ）

〔怪我は過ちや過失、功名は手柄の意〕誤ってしたことや何気なくしたことから、思いがけず好結果が生まれること。

用例

このチョコレートケーキ、作るときに間違えて一味唐辛子を入れちゃったの。けど、甘いだけじゃなくてその中に深みが出て、すごくおいしいと思わない？　怪我の功名だったよ。

意味変（イミ・ヘン）

実際に怪我をしたために、よい思いをする。

用例

いや、私もそんなのあるわけないじゃんと思ってたんだよ？　けど、交通事故にあった道路がこの病院のすぐ前の道路でさ。しかも、担当の看護師さんがすごい私のタイプなの！　怪我の功名ってこれかー！　って思ったね。

ポイント

「怪我」とあるけれど、実際に怪我をするわけではなく、「過ち」という意味なんだね。実際に怪我をしていたら、身が持たないでしょう！　あと、功名を巧妙と書くのは間違いだから注意して。

げきりんにふれる【逆鱗に触れる】

本意味（ホン・イミ）

〔竜のあごの下に一枚の逆さに生えた鱗があり、これに人が触れると、竜が大いに怒るという故事から〕

天子の怒りをかう。目上の人を激しく怒らせる。

用例

会社の幹部も出席する会議で、自分が起こしてしまった重大な問題に対して説明したときに、失言をしてしまったんだ。彼らの逆鱗に触れてたいそう絞られたよ。最悪の場合、私はクビになるかもしれないな……。

意味変（イミ・ヘン）

自分と同じか下の年齢や地位の人を怒らせること。また、単に人を怒らせること。

用例

こないだ、友達と遊んでいたんだけれど、仕事の話をしていたら彼の逆鱗に触れたようで、とても怒らせちゃったんだよね。なんで怒ってしまったのか、いまだにわからないから謝りようがなくて困っているよ。

ポイント

竜は天子のことなんだね。そこから、目上の人を怒らせてしまったときに使うんだ。相手によっては誤用になってしまうことを知っていた人は、どのくらいいるだろう？

か

げきをとばす【檄を飛ばす】

ラブレター？
フーーイ

◆そうなんだよ、みんなもなんだよ……

《意味変（イミ・ヘン）》

頑張るように激励したり発奮させたりする。

用例

トラブルによって部内の士気が下がっていたが、部長がみんなに檄を飛ばしたため、少し士気が高まった。

《本意味（ホン・イミ）》

〔「檄」は、古代中国で招集または説諭のための文書のこと〕檄を方々に急いで出すということから、自分の意見や主張を広く伝えて決起を促す。

用例

どうしても通したい社内企画を立案した。自分では何をどう考えてもいいアイデアだと思うので、時間を置かずに檄を飛ばしたんだ。そしたらその思いが伝わったのか、通すことができたよ。

ポイント

激励や発奮を促す意味の言葉として広く使われているみたい。それはそれでいい意味に思えるけれど、多くの人に対して使う言葉だから、それぞれが違う意味で捉えてしまうことを避けるためにも、使う際には注意したほうがよさそうだ。

げせわ【下世話】

《意味変（イミ・ヘン）》

下品な様子。俗なさま。

用例

あいつら、場所を選ばずいつも下ネタを話しているよな。なんて下世話なやつらなんだ。

《本意味（ホン・イミ）》

世間で人々がよく口にする言葉や話。

用例

ああ、確かに関西の方言だと思っている人が多いけれど、「よしなに」って、下世話にも言うよね。

ポイント

下品という意味で使うのは、実は完全な間違いというわけでもない。「世話」という言葉には「通俗的な」という意味も含まれているからね。けれど、下品という言葉に限って使うとやはり違和感を持つ人がいるので注意しよう。

こういんやのごとし【光陰矢の如し】

時が過ぎるのは早いなあ～
あ！ それ
光陰 矢の如し じゃん

矢が最速だった時代につくられた言葉なのかな？
……

光陰ロケットの如し！

……
大丈夫？疲れてない？
はあ…
かもね……
こんなつまんないことをドヤ顔で言うくらいには……

◆放った矢は時をも超越するとしたらえっと……

《意味変（イミ・ヘン）》

乗り物などの速度が速い。

用例

真空超伝導リニアというものが作られるらしいけど、その最高時速は1000キロなんだって！　光陰矢の如しだね。早く乗りたいなあ。

《本意味（ホン・イミ）》

（「光」は日、「陰」は月の意で、「光陰」は月日、歳月のこと）月日のたつのが早いことのたとえ。

用例

結婚して30年だなんて、光陰矢の如しだね。そう思うのがいいことなのか悪いことなのかはわからないけれど。ただ、君と今も変わらず楽しく一緒にいられることが、私はとてもうれしいんだ。

ポイント

何かの速度が「速い」のか、時間の流れが「早い」のか。同じように「はやさ」をたとえているけれど、全然違う意味だよね。私が最近考えているのは、「楽しい時間は早く過ぎる」「年齢を重ねるごとに一年たつのが早く感じる」ことの理由。諸説あるけど、どれが正解なんだろう？　時間って不思議だね。

か

ごうきゅう【号泣】

グワッ…
ヒィ
ウオオオオン
スグ…
アイーーッ

お泊りデートで映画見てたら彼号泣しちゃってさぁ
優しいのはいいことだけど……ねぇ……？

意味変（イミ・ヘン）

激しく泣くこと。

用例

映画館に『スカイジャック』を観に行ったんだけれど、号泣してしまったよ。鼻をすする音がたくさん聞こえてきたから、他の人も号泣していたんだと思う。本当に感動するからぜひ観に行って。

本意味（ホン・イミ）

大声をあげて泣くこと。

用例

この前、スーパーに買い物に行ったら、床に寝転がって号泣しながらお母さんとお父さんにお菓子をねだっている子どもを見かけたよ。親はかわいそうだったけれど、なんか子どもらしくて可愛く感じてしまったんだよね。

ポイント

本来、大声をあげて泣いていなければ、つまり、ただたくさん涙が出ているだけでは号泣していると言わないんだね。とすると、大人になってから号泣する機会は少なくなったなあ。あなたが最近号泣したのはどんなときだった？

か

こうてつ【更迭】

◆こいつ、私のことクビにしろって思ってたヨ

《意味変（イミ・ヘン）》

解任、罷免、クビ、懲罰的交代。

用例 不祥事を起こした大臣、更迭されたらしいよ。さっさとクビにすればよかったのに、ちょっと遅いと思わない？

《本意味（ホン・イミ）》

ある地位や役目にある者を他の者と代えること。責任をとらせるときに行うことが多い。

用例 国会を混乱させたとして、大臣が昨日更迭された。

ポイント

更迭とは、あくまでその役職を他の人に代えること。だから、本来はクビという意味はないいんだ。けれど、「事実上の更迭」と報道されるときもあるから、世間的にクビという意味が浸透してきているんだね。

か

こうねん【光年】

算数博士の
クエスチョン！
「光年」はこの表の
どの単位でしょうか？
距離
÷
÷
速さ
時間
×

正解は距離！
ババッ
え？
算数博士なら
算数で問題を出せって？
フン 僕は偽物さ
さらばだ!!

本意味（ホン・イミ）

天文学で用いる距離の単位。光が真空中を一年間に進む距離を一光年と言う。約九兆四六〇〇億キロメートル。

用例
地球から何光年も離れた場所にある惑星を観測する天体観測って、なんだかロマンを感じるんだよね。

意味変（イミ・ヘン）

時間の単位。

用例
何億何万光年もの長い間ずっと輝き続ける星たち。なんかロマンチックだよね。と言っといてアレだけど、何がロマンチックなのかはわからない。

ポイント

太陽系って、銀河系の中心から3万光年のところに位置しているらしいよ。ということは、今見えている銀河系の中心は3万年前のものということになるね。その頃の地球って……。

こころやり【心遣り】

王様……
もっと他の趣味を
見つけてほしいのですが
なんと！ ワシの
せめてもの心遣りを
取り上げるのか 大臣っ
ゴシップ天国

そ……
そのような雑誌を
こっそり買いに行く
私めの気持ちにも
なってくださいませ!!
カアアッ
なんか
ごめん……

《意味変(イミ・ヘン)》

思いやり、気配り、心遣い、心配り。

用例
いつもあの人は周りに心遣りをして、とてもいい人だよね。見習いたいなあ。

《本意味(ホン・イミ)》

ふさいだ気持ちを晴らすこと。気晴らし。なぐさみ。

用例
いつも仕事の心遣りにチョコレートなどの甘い物を食べるのが日課になっている。なお、怖くて体重計にはここ数年乗れていない。

か

ポイント

「気遣い」などに使われている「遣」という漢字がこの言葉にも使用されていることから、心を配る、という意味に取られているんだね。けれど「本意味」は、憂さ晴らし。心の休息やリフレッシュというニュアンスがうかがえるね。

こそく【姑息】

姑息マスター
今尾凌（いまおしのぐ）
スマホの
充電
切れそう……

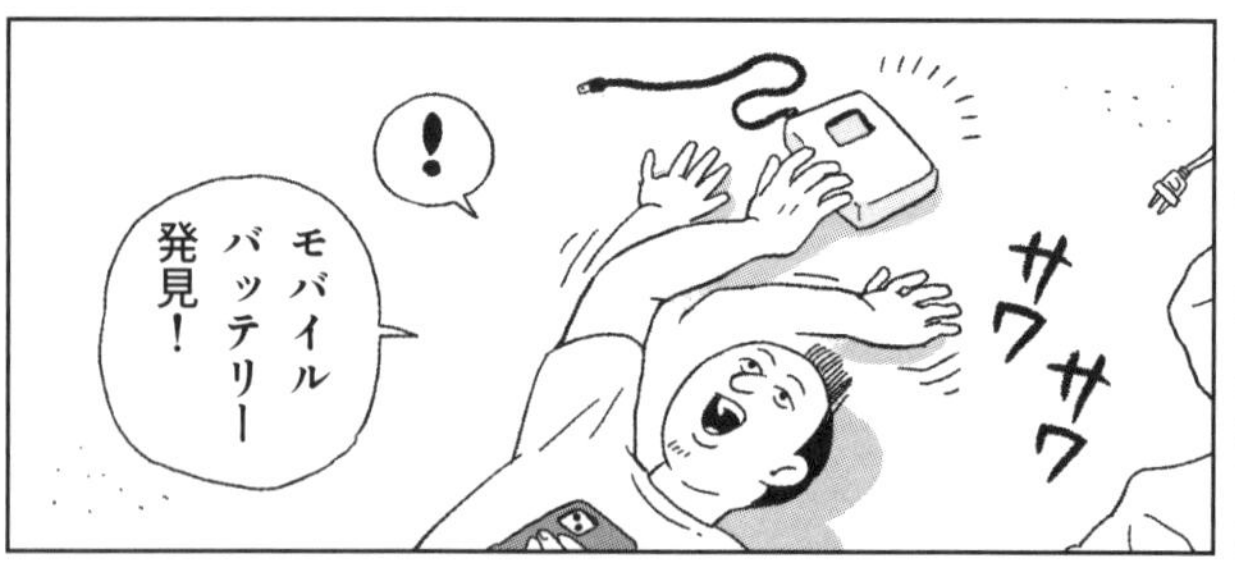
！
モバイル
バッテリー
発見！
サワ
サワ
サワ
サワ

……
残量
全然ないな

どうだい　この
その場しのぎっぷり
これが姑息と
いうものさ
俺の人生
もうずっと
これの繰り返しよ

《意味変（イミ・ヘン）》

卑怯。

用例

くそう、井上のやつ、決定権を持っている上司の懐に入ってコンペの結果を有利にさせるなんて、姑息な手段を使いやがって。

《本意味（ホン・イミ）》

一時の間に合わせにすること。その場しのぎ。

用例

私の父は重病で根治が見込めなかったため、姑息的治療を受けていた。

か

ポイント

「意味変」はすでに浸透しているから、「本意味」に驚いたという人は多いのではないかな。実際に、文化庁が行った2021年度の世論調査では、7割以上もの人が「意味変」のほうを回答したんだって。「姑」は〝しばらく〟という意味で、「息」は〝休む〟という意味なんだ。

さわり【触り】

 ◆さらっと触れる距離にいなくちゃわからないこともある

《意味変（イミ・ヘン）》

話などの出だし、冒頭部分のこと。

用例

ヒット曲の触りの部分だけみんなに歌って聞かせてみたら、感動されちゃったよ。えへへ。

《本意味（ホン・イミ）》

❶曲中で一番の聞きどころ、聞かせどころとされる箇所。もともとは浄瑠璃用語。
❷話の中心となる部分。
❸演劇、映画などの名場面。見どころ。

用例

そろそろこの曲の触り部分になるよ！　よく聞いていて！　ハアハア

ポイント

さらっと触るというイメージから、冒頭の部分という意味にとったのかもしれないね。最近はちゃんと「本意味」も認識されはじめているけれど、この言葉が浄瑠璃の用語でもあるというのを知っていた人は、少ないんじゃないかな。歌謡曲だと「さび」の部分のことだよ。

さ

じいしきかじょう【自意識過剰】

最近
みんなが
俺を見ている
気がする……

……

《意味変（イミ・ヘン）》

ナルシスト。自信過剰。自己陶酔。

用例

あいつ、いつも鏡見て自分の顔と髪型をチェックしているよな。自意識過剰すぎる。

《本意味（ホン・イミ）》

自分が他人にどう見られているかを気にしすぎること。

用例

私、いつもと違う格好をしたり発言をしたりすると、他人に笑われるんじゃないかと思っちゃうんだよね。自意識過剰だっていうのはわかってるんだけど。

ポイント

自信過剰というニュアンスもこの言葉には含まれているから、完全な誤用というわけではない。けれど、他人を度外視して自分だけに意識が向いているという意味だけで使ってしまうのは、「本意味」ではないということだね。気のせいかな、小中学生のときに「自意識過剰〜」とからかわれた古傷がうずいているような。

さ

しおどき【潮時】

 ◆寄せては引いて……パーフェクトッ！

意味変（イミ・ヘン）

引き際、終わり、締めのとき。

用例

顧客動向をずっと調査してきたけれど、客足が遠のいて売り上げも伸びる見込みがないな。もうこの事業は潮時かもな……。

本意味（ホン・イミ）

物事をするのにちょうどよいとき。チャンス。

用例

潮時を見計らってビジネスを進めて勝負をかけたんだ。今回の対応とその結果としての成功から、時勢だったり人の変化だったりを見極めることがとても重要だと感じたよ。

ポイント

潮が引くことをイメージしているのかも。惜しい！　本来は潮が満ちてくることを表しているんだね。そこの君、この恋愛も潮時かな……と黄昏れている場合じゃないぞ！

さ

しきいがたかい【敷居が高い】

久々に来たわ
地元
お正月とか
お盆に帰って
なかったの？
FU
GIRI

《意味変（イミ・ヘン）》

高級すぎたり上品すぎたりして、行きにくい。

用例

いやあ、あの店に憧れはあるけれど、今の自分では分不相応というか、まだ敷居が高いなあ。

《本意味（ホン・イミ）》

〔玄関の敷居が心理的に高く感じられて入りにくいことから〕不義理や面目ないことがあって、その人の家へ行きにくい。

用例

数年前にお世話になったあの人に不義理をしてしまったから、敷居が高くてそれ以来行っていないんだ。

ポイント

まさか、不義理をした人の家に行くのが気まずいという意味だったとは……と驚いている人も多いだろう。でも、敷居が高く感じられるようにしてしまったのは自分。自分が悪いのに、なんかちょっとかっこよく言いすぎじゃないか？

じくじたるおもい【忸怩たる思い】

《意味変》

（イミ・ヘン）

悔しい気持ち。

用例
あの企業コンペは絶対に勝ち取りたかったのでとても時間をかけたのですが、選考通過できずに忸怩たる思いです。

《本意味》

（ホン・イミ）

自分の行いについて、心のうちで深く恥じ入る気持ち。

用例
あんなことをやらかしてしまって、内心忸怩たる思いだよ。なんであんな行動を取ったのか、思い出せないんだ。都合のいい話だと思われるかもしれないけれど。

ポイント

悔しいのか、恥ずかしいのか。同じ言葉なのに、ここまで違う感情を表しているなんて不思議だよね。だからこそ、使用する際には気をつけなければならない……ッテコト！「悔しいです！」なのか、「恥ずかしいです！」なのか、よくよく確認してくれよな！

さ

じしゅ【自首】

◆減刑されるかどうかの境い目！

《意味変》

犯人が犯罪の発覚後、自ら捜査機関に出頭すること。

用例

事件が報道されて指名手配されていた犯人、逃げきれないと思って自首したらしいよ。

《本意味》

刑法で、その犯罪または犯人が誰であるかが発覚する前に、犯人が自らの犯罪を捜査機関に申告して、その訴追を求めること。自訴。

用例

警察に連絡してすぐに自首しよう。今ならまだ捜査もされていない段階だから、減刑される可能性もある。

ポイント

事件の犯人をすでに捜査機関が特定している場合は、自分から警察署に出頭しても自首にはならないんだ。その場合減刑の対象にならないから、もし事件を起こしたときは発覚前に自首しよう！……と言うのも何か変だが。

さ

じっしにあまる【十指に余る】

君の可愛い指を
全部僕からの
贈り物で
いっぱいにしよう
や〜〜
ロマンチック！

意味変（イミ・ヘン）

両手にいっぱいになるほどの量や、両手に収まりきらない大きさ。

用例

先週末はなぜか釣りが笑えるほどうまくいって、十指に余るくらい大漁だったんだよ。見てくれこの写真！

本意味（ホン・イミ）

10本の指で数えきれない。10より多くの。際立ったものを数え上げていくと、かなりの数になるという意味。

用例

私はこう見えて、研究者や教師、芸術家など十指に余る肩書を持ってるんだよ。なめてもらっちゃ困るね。ふふん。

さ

ポイント

「本意味」は、両手、つまり10本の指では収まらないという意味なんだ。それが「数多くの」という意味でも使われるようになったから、少しややこしいね。その対象が一つ一つ数えられるかどうか、際立っているものなのかどうかという部分に注目してみるとわかりやすいかも。

しっしょう【失笑】

俺とヨリを戻してくれユナーーーッ
シャー

プッ…
！
笑ってくれたっ

俺は君のためならどんなダサいこともやれる……
今度こそ君の笑顔を守りたい！

そういうさ……失笑と笑顔の区別もつかないとこが原因なんだよね～～～
スン
ユナ!? 笑ってくれよユナーーッ!!

《意味変（イミ・ヘン）》

笑いも出ないほど呆れること。

用例

後輩の井上を勇気づけようと思って、自分が情けなくなった体験談を話したら失笑されたよ。さすがの俺でもあれは泣きそうになったね。

《本意味（ホン・イミ）》

（「失」はうっかり出てしまうという意味）おかしさを堪えきれずに思わず笑い出すこと。

用例

テッパンなんだけど、自分の黒歴史を飲み会のときに話すと、みんな失笑するよ。笑いを取りたいときにはおすすめ。自分の心はちょっとすり減るけどね。

ポイント

驚いて呆れて、おかしくてつい吹き出してしまうという意味だったんだ。なぜかわからないけど、勇気づけられたという気持ち、わかるぞ。これからは積極的にみんなの失笑を誘っていくよう頑張ろう。

さ

しょうかん【召喚】

裁判の証人を
召喚しましょう
はい！

私は
いつでも
いけます！
ブワン
召喚士くん
ありがたいんだけど
正式な手続きをふんで
からなんだ……

《意味変》(イミ・ヘン)

オカルト関連において、魔術や儀式などで「霊」や「悪魔」などを呼び出すこと。また、サブカルチャーにおいて、同様に「モンスター」や何かを呼び出すこと。

用例

よし、ここで俺は式神の加藤さんを召喚するぜ！いでよ、加藤さん！

《本意味》(ホン・イミ)

人を呼び出すこと。特に、裁判所が日時・場所などを指定して、被告人や証人などに対して出頭するよう命じること。

用例

わかりました。次回、○月×日の裁判で証人を召喚してください。

ポイント

カードゲームをしていると、「〇〇召喚！」と言いながらカードを出す場面があるよね。けれど、ゲームや儀式でモンスターや悪魔を呼び出すことが「本意味」ではなかったんだ。もしこの言葉を使用禁止にされたらなんて言おう？　と考えてみるのも面白いかもしれないね。「あっ、式神の加藤さん出られまーす」とか。

さ

すべからく【須く】

召喚士たる者
須く世にあるものを
召喚可能とすべし！

心がけは
立派だけど
もとの世界で
やってほしいかなァ
いやあ
できるように
なったので
こっちへ修行に
来たんです
すごい
才能じゃん……

《意味変》

全て。

用例

マラソンに参加していたランナーが須く完走したので、とても驚いた。今回のマラソン大会にはみんな力を入れていたのかもしれない。

《本意味》

〔漢文訓読に由来する語。下に「べし」が来ることが多い〕ぜひともしなければならないという意を表す。当然なすべきこととして。ぜひとも。

用例

「学生は須く勉学に励むべし」と言われてきたけれど、学生のときにやるからこそ価値があることって、たくさんあったはずだと最近よく思うんだよね。

ポイント

なんとなく、語感で「全てっぽいな」と思っているのかも。最近みんな、フィーリングで言葉使ってない？ ビジネスシーンでは、須く言葉の意味を知っておくべきだな！

すめばみやこ【住めば都】

地獄もなかなか楽しくて

住めば都とはよく言ったもんだ

意味変（イミ・ヘン）

住むのなら、都会の栄えた場所がいい。

用例

コンビニもないこんな田舎から出て、絶対に東京に行きたい。住めば都って言うでしょ。

本意味（ホン・イミ）

どんな所でも住み慣れると、そこが住みよく思われるものだ。

用例

東京から地方に転勤になって最初は不安だったけれど、住めば都だったよ。私にはこっちのほうが合ってたみたい。

ポイント

「都」という字が入っているから、「都会に住むのがいいよね」という意味で解釈されているんだね。私はいいとこどりしたい。普段住むには都会で、休暇を取ったときは自然豊かな田舎。最高だなあ。今年はどこに行こう？

せいへき【性癖】

昔から
言うじゃろう

なくて
七癖（ヘキ）
あって
四十八癖（ヘキ）
と
え

お師匠……
それは癖（くせ）と
読むんですよ
……

もう……
その本は
見なかったことに
しますから
修行に戻っていい
ですか？

《意味変（イミ・ヘン）》

❶性嗜向。性的交わりの際に現れるくせ・嗜好、交接時の習慣・習性など。
❷（単に）好み。

用例

元彼は特殊な性癖を持っててついていけなかったんだけど、今の彼は存在自体が私の性癖そのものなんだよね～！

《本意味（ホン・イミ）》

生まれつきの性質。また、性質の偏り。くせ。

用例

井上って、誇大妄想の性癖があるよね。話してる分には面白いけれど……。

ポイント

性嗜向という意味で使われるのが主流になってきているから、単に「くせ」として使っていると、ツッコまれたり変に思われたりするのかも。ただ単に「好き」という意味で使っている人もいるので、使うシチュエーションが難しいね。文脈や行間を読むことが求められそう。

さ

せけんずれ【世間擦れ】

 ◆「擦れる」と「ズレる」は同居できなさそうだ

《意味変（イミ・ヘン）》

世間の常識から外れていること。

用例

大企業の跡取り息子でちやほやされているから、少し大倉さんは世間擦れしているのかもしれないね。

《本意味（ホン・イミ）》

世の中でもまれたため、世知にたけていることや、ずる賢くなること。

用例

新卒の頃は世間擦れしていなかったけれど、私ももう社会人になって5年。酸いも甘いもわかってきたように感じる。ふう、今日もいい仕事してくるか。

ポイント

「ずれ」という言葉から、ピントがずれているという意味を連想しているのかも。本当は「擦れ」で、世慣れる、世間でもまれて純粋さを失ったり悪賢くなったりするという意味なんだね。

さ

せっそう【節操】

水玉模様が
大好きすぎる弟
さすがに
じいちゃんの葬式には
しっかり礼服で来たな……
ホ…

あっ……
フキ
節操が
ありすぎる
だろ！
み……
水玉だー！
わかりにくいけど
やっぱり水玉だ!!

《意味変（イミ・ヘン）》

行動基準が一貫していること。

用例

井上のやつ、昨日の合コンで、アキちゃんがタイプでアキちゃん一択って言ってたくせに、参加してた女の子3人全員に手を出してたらしいぞ。節操ねえなあ。

《本意味（ホン・イミ）》

自分の信じる主義・主張などをかたく守って変えないこと。みさお。

用例

あいつ、あんなにこの仕事がやりたい、収入なんて関係ないんだって入った会社を辞めたんだ。次に入った会社は全然違う業種なんだけど、何やら年収が倍になったんだってよ。まあ気持ちはわかるけど、節操がないよなあ。

ポイント

その人の行動にしっかりとした信念があるかないかという部分が違うね。君は自分の行動に信念があって、それを守り続けているかな？　節操、ある？

さ

セレブ

◆私にとってのSSRセレブは君に決めた！

本意味（ホン・イミ）

セレブリティーの略。名士。有名人。

用例

将棋界でのセレブは藤田さん一択。もう何冠獲ったんだっけ？　才能に年齢は関係ないよね。すごいなあ。

意味変（イミ・ヘン）

財産家。裕福。

用例

海外セレブって私たちの年収以上のお金を一秒で稼ぐらしいよ！　泣いちゃった……！

ポイント

名士や有名人であれば、富豪でなくてもセレブと言えるんだ。一芸に秀でていれば自分はセレブですって自己紹介ができるってことか。なるほどね……。

さ

ぜんぜん【全然】

◆全然大丈夫って、実際は全然大丈夫じゃないことのほうが多いよね

《意味変》

（多く話し言葉で）非常に。とても。特に、ある状態の程度を強調するときに用いられる。

用例

あ、今日の予定キャンセルしたい？　わかった、全然いいよ！（よくない）

《本意味》

❶〔打ち消し、または「だめ」のような否定的な語を伴って〕一つ残らず。あらゆる点で。まるきり。全く。
❷残るところなく。全てにわたって。

用例

❶やることなすことうまくいかない。最近の私は全然ダメだ〜〜〜！　帰って寝まーす。
❷今さらそんなことを言われても……。それは全然別の話だよ

ポイント

必ず「全然〜ない」という打ち消しの語が下につくというのは、実は戦後に広まった誤解なんだ。戦前は、下に打ち消しの語がつかない言い方もしていたんだよ。そう考えると、やっぱり思い込みって怖いよね。

さ

せんのう【洗脳】

 ◆自分が洗脳されてるかどうかって、どうやって知るの？

意味変（イミ・ヘン）

その人の感情や思想、行動などを、本人に気づかれることなく変革して支配すること。

用例
最近ちょっと変になっているあの人はきっと、占いとかで洗脳されたのかもしれないね。あくまでも一つの可能性の話だけどさ。

本意味（ホン・イミ）

〔第二次大戦後の中国で、共産主義教育を施して思想改造をはかったことから〕その人の主義・主張や考え方を根本的に改造すること。

用例
この業界について自分の抱いていたイメージは勝手な想像だったと、新卒研修のときに洗脳されたんだ。

ポイント

少し違いが見えづらいけれど、もともとは共産主義社会で使われていた言葉なんだね。ある思想を相手に植えつけてその人の思想だと思い込ませるのか、植えつけて支配するのかという点が異なっているね。私はどっちも嫌だなあ。

さ

せんぱん【戦犯】

今日の残業の
戦犯アイツ
でしょ！
ピトッ
冷たっ

その言葉は
もっと重い
意味だよ

知ってる
……
コンビニのスムージー
はじめてのんだわ

また
注意してくれる
かもって……
わざと
言ったから
どした〜

意味変（イミ・ヘン）

団体競技などで、負ける原因となった人。

用例 今日のサッカーの試合の戦犯は、井上選手で決まりだな。ありゃないぜ。

本意味（ホン・イミ）

戦争犯罪人の略。戦争犯罪には、捕虜の殺害や虐待、侵略戦争開始の責任、一般民衆に対する大量殺人・迫害など、人道に反する行為の責任などがある。

用例 多くのことが豊かになってきている今の世の中で、戦争を起こした戦犯は自明だ。決して許してはいけない。

さ

ポイント

戦争犯罪人はすなわち、戦争に負けたから、そう言われてしまうんだ。負ける原因を作った人、負ける戦争に導いた人として。それが転じて、「意味変」として使われているんだけど、気軽に使うにはちょっと重すぎるよね。

ぞっとしない

この橋白いワンピースの幽霊が出るんだって
え〜！行ってみよ

当日
おまたせ〜
赤いワンピース!?
ギョッ

どうしてそんな服で……
!
や……もしオバケが出ても赤白そろうとめでたいカラーリングになるじゃん？

みんな怖くないかな〜って
いや それ ぞっとしない発想だよ!!
ゾ…

《意味変（イミ・ヘン）》

恐ろしくない。

用例

ホラー映画を観すぎたからなのか、最近はあまり新作を観てもぞっとしなくなったなあ。

《本意味（ホン・イミ）》

面白くない。感心しない。うれしくない。

用例

おいおい、商談にその格好で行くつもりか？　さすがにそれはぞっとしないぞ。

ポイント

怖くて身の毛がよだつという「ぞっと」から〝意味変〟したんだね。この意味が広がっているんだけど、もとの意味を知っていれば、ぞっとしない機会が減ると思わない？

たそがれる【黄昏れる】

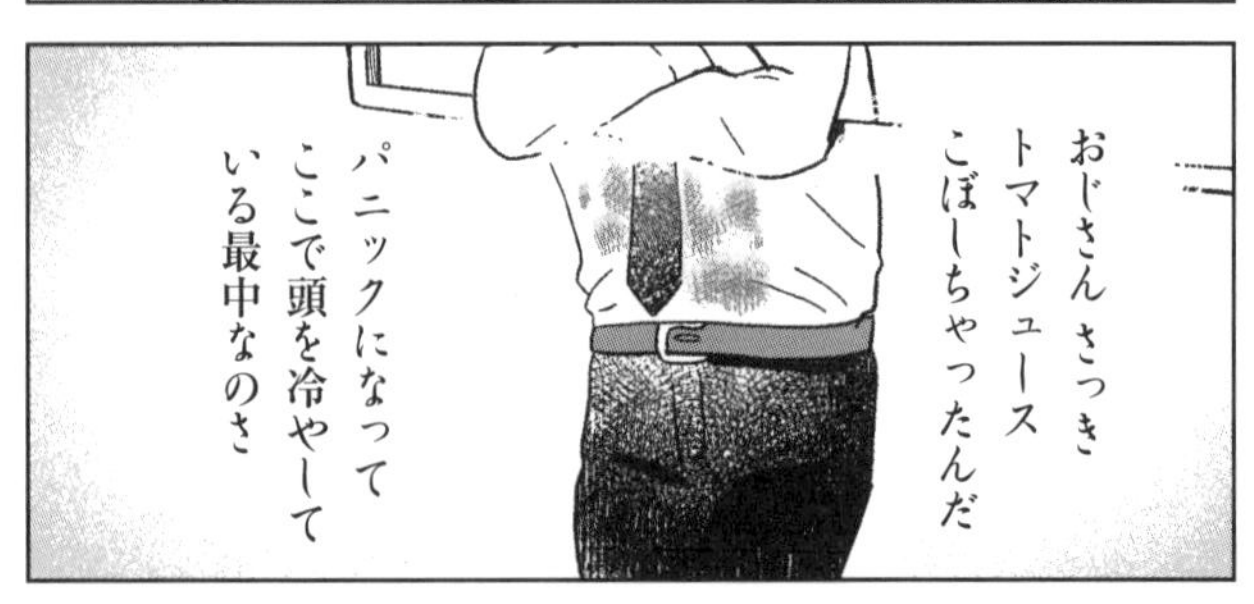

◆河川敷の土手まで行かなくても黄昏れられます

《本意味》（ホン・イミ）

❶夕暮れとなる。
❷盛りを過ぎて衰える。

用例

❶空が黄昏れてきたな。そろそろ遊ぶのをやめて家に帰ろうか。
❷40歳になってから、自分の人生が黄昏れたことをとても感じている。

《意味変》（イミ・ヘン）

物思いにふける。

用例

あいつ、なんか黄昏れているように見えるだろ？少し心配になってどうしたのか聞いてみたら、夕飯のことを考えていたんだよ。カレーハンバーグが食べたいらしい。

ポイント

すでに「意味変」が浸透してきているこの言葉。黄昏、つまり「夕暮れ」という少しエモい風景を想像することから、物思いにふけっている場面を連想しているのかも。黄昏時、少し切ない気持ちになったり、昔の恋を思い出したりするよね……。うん。

た

たりきほんがん【他力本願】

意味変（イミ・ヘン）

他人の力をあてにして事をなすこと。

用例

ねえ聞いてよ。私と一緒にプロジェクトを進めた井上、重要な部分は全部私任せ。社会人なんだから、他力本願はやめてほしいよね。

本意味（ホン・イミ）

阿弥陀仏の本願によって救済されること。

用例

阿弥陀さまの他力本願を信じて、南無阿弥陀仏と唱えたよ。

ポイント

もとは浄土教の言葉で、阿弥陀仏の力に頼って救済されるという意味だったんだな。知ってた？「意味変」はかなり浸透しているけど、仏教関係者は、誤用なので使わないでほしいと言っているんだ。だから、使うときは注意が必要だぞ！

ちえねつ【知恵熱】

ロボ太が知恵熱を出しとるんじゃ
人間に一歩近づいたなァ
ヴーン
めちゃめちゃファン回ってる音しますけど

知恵熱は赤ちゃんに出るものですし……
そうだよッ赤ちゃんじゃもんロボ太はッ!!
ヴーン
カリカリ
絶対不具合ですって〜

《意味変（イミ・ヘン）》

深く考えたり頭を使ったりした後に起こる発熱。

用例

聞いてよ、昨日後輩のトモシゲがね、すごく頑張って考えてプレゼンの資料を作っていたの。けど、慣れないことをしたからなのか、その日のうちに知恵熱を出して今日欠勤。笑っちゃいけないのはわかっているけど、笑っちゃうよね。

《本意味（ホン・イミ）》

生後六、七カ月ごろから満一歳前後の乳児にみられる発熱。ちえぼとり。

用例

聞いてよ、昨日の深夜に子どもが急に泣き出したからどうしたのかと思って、すぐ救急病院に連れて行ったんだ。「知恵熱だろうから大丈夫」って言われたんだけど、すごく焦っちゃった。

ポイント

もともとは、成人には使わない言葉だったんだね。けれど、頭を使ったら熱が出たというシチュエーションは、普段使っているイメージのない赤ちゃんが頭を使ったから……いや、そんなことはないか？　バブう（おやつちょうだい）。

つかぬこと【付かぬ事】

カラオケ楽しかったですね！
このあとって山田さん
予定ありますか？
ドキ
ないです
ケド……
付かぬ事を
お聞きしますが

このくらい破けた
ジャケットって
直す派ですか？
捨てる派ですか？
本当に突然
なんも関係ねぇな!!
ズル
★なぜ予定を聞いた――……

《意味変（イミ・ヘン）》

つまらないこと。

用例

付かぬ事をお聞きしますが、僕の今日の服装をどう思いますか？

《本意味（ホン・イミ）》

今までの話とはなんの関係もないこと。出し抜けのこと。多く、話を切り出すときに、いきなりで申し訳ないがという気持ちで用いる。

用例

付かぬ事をうかがいますが、丸の内にはどの道を行けば着きますか？

ポイント

「思いもつかぬ」とか「考えもつかぬ」の、「思い」「考え」が省略されて生まれた語なんだ。その付かぬ事が「つまらないこと」の場合もあるから、そこまで本来の意味から離れて使われているわけでもないんだね。つまらないことと言いたいのなら、「愚にも付かぬ事」という言い方もあるよ。

た

てをこまぬく・てをこまねく【手を拱く】

僕　招き猫
持ち主に富と幸せを招くんだ！

すぐにでも
招けるパワーは
あるんだけど……

◆招き猫って、思えば手を拱いているよな

本意味（ホン・イミ）

❶もとは中国で行われた敬礼の一つ。両手の指を胸の前で組み合わせて挨拶する。❷腕組みをする。また、何もしないでいる。何もできないでいる。手をつかねる。

用例

社員が精神的にも肉体的にも苦しんでいるのに、千原部長は何もせずに手を拱いているよね。それが教育だとでも思っているのかな。

意味変（イミ・ヘン）

準備して待ち構える。

用例

あの駄菓子屋のおばあちゃん、よく出勤途中に見かけるけど、いつも手を拱いて俺を呼んでいるように見えるのは気のせいかな？

ポイント

〝意味変〟では、「こまねく」を「招く」だと思っているのかも。準備万端して待ち構えるという意味だと解釈されているようだ。けれど本来は、腕を組んで傍観しているという意味で使われていたぞ。私は常に招かれていたいけどね。

でんしゃ【電車】

◆将来有望(?)な鉄オタだな

意味変（イミ・ヘン）

ディーゼル機関・ガソリン機関を動力として走る鉄道車両。気動車。また、鉄道の乗り物の総称。

用例

あ、ちょっと向こうでエンジン音がしてますね。電車が来たみたいです。

本意味（ホン・イミ）

電気を動力源として、人や荷物を乗せて軌道上を走行する鉄道車両。また、駆動用電動機を持たない車両を連結して編成された列車も言う。電動車。

用例

先ほどの放送で「〇〇線の電車」と申し上げましたが、正しくは〇〇線のディーゼルカーでした。失礼いたしました。

ポイント

「いやいやいや、私たちが乗っている鉄道の乗り物全部『電車』でいいじゃん。わかってなくても生活に支障ないでしょ」という声が聞こえてきそう。でも、生活に支障がないことなら知らなくていい、だなんて暴論はもう通用しない歳になったでしょうが！　それに、鉄オタが黙っちゃいませんよ！

た

てんちむよう【天地無用】

滝さん
この天地無用って
書いてあるの
上下どちらでも
いいってことですか？
天地無用

意味変（イミ・ヘン）

この荷物は上と下を気にしなくてよいという意味。

用例

引っ越し作業を手伝ってもらっちゃってごめんね。あ、それは天地無用だから適当に置いて大丈夫。

本意味（ホン・イミ）

破損の恐れがあるため、この荷物の上と下を逆さまにするなという意味。運送する荷物などの外側に書き記す語。

用例

おい、ここに天地無用って書いてあるだろ。気をつけろよ、破損したら弁償だからな。

ポイント

「無用」の言葉に引っ張られちゃうよね。もしあなたが引っ越し業者か、もしくは友達の引っ越しを手伝っている際にこの言葉を誤解していたら大変なことになるぞ。要注意。誤解無用！

とりはだ【鳥肌】

◆鳥の毛をむしる動画、観たことあるんだよね……

《意味変》

深い感動を覚えたときや、興奮した状態のことを言う。

用例 さっきの演劇、すごかったね！　すごすぎて、ずっと鳥肌立ちっぱなしだった！

《本意味》

寒さや恐ろしさ、あるいは不快感などのために、皮膚に鳥の毛をむしったあとのようなぶつぶつが出る現象。「鳥肌が立つ」の形で使う。

用例 あのホラー映画のスプラッターシーンで一気に鳥肌が立ったよ。もう見たくない！

ポイント

「鳥肌が立つ」は、本来はポジティブな意味では使わないんだ。とても感動して、興奮したときにも総毛立つことはあるから、使いたい気持ちはわかるし、どれほどすごいと思ったのかも伝わりやすい気がするけどね。ただ「意味変」は誤用だと言う人もいるので、注意して使いたい言葉でもある。

ないものねだり【無い物ねだり】

欲しいか……
力が欲しいか……
う〜ん
力かぁ

お金がいい！
お金！
お金！
金銭はちょっと……

◆それがダメならカナブンみたいな綺麗な色の肌になりたい

《意味変(イミ・ヘン)》

自分が持っていないものを欲しがったり、人にねだったりすること。

用例

友達が持っているゲームを自分も欲しいと、地団太を踏んで親に無い物ねだりをしている子どもを見かけた。

《本意味(ホン・イミ)》

無いものを欲しがること。実現できないことを無理に望むこと。

用例

髪の毛が多いのいいねってよく言われるけれど、私としては髪の少ない人がうらやましいんだよね。無い物ねだりだけどさ。

ポイント

実際に自分が手にできる可能性のあるものに対しては、本来この言葉を使わないんだね。私も時々思うよ、もっと実家が金持ちで自分自身が見目麗しくて賢い人間だったらなってさ……。

なかぬき【中抜き】

組体操
ピラミッド
5段をやろう
いや！ 6段にチャレンジだ！
えーっ

先生 みんなの希望に応えたいけど安全面では反対……
だから

6段に見える板…グラフとか中抜きするアレを用意しました！
ピッ

達成感ねぇ……

◆中抜きしていいことと悪いことがある、世の中には

意味変（イミ・ヘン）

人や他の組織に渡すべき金額から一部を抜き取り、不当に利益を得ること。ピンハネ。中間搾取。

用例

千原さん、店の金を中抜きしてたのがバレてクビになったらしいよ。

本意味（ホン・イミ）

❶中の物を抜き取ること。
❷流通経路で、問屋や小売業などの中間業者を抜かして取り引きすること。

用例

ニケツ商店は、中抜きすることで消費者に商品が届くまでの時間を短縮して、さらに低価格での提供を可能にしているんだ。

ポイント

この言葉に、いい印象を持っている人は少ないかも。でも、実はネガティブな意味はないんだ。職種によっては「本意味」で使う場面があるから、「中抜き」って聞いてびっくりしないようにしよう。

なさけはひとのためならず【情けは人の為ならず】

ライバルに負けた――……

ふん…
君に情けをかけてあげよう
ドン
純米大吟醸
情け

ジョボ
えっ それ コンペの景品の いいやつじゃ……
美味～っ

僕も 相手がいたほうが 張り合いあるし……
次は勝つ！

◆次は俺が美味酒をふるまってやるぜ

《意味変》

情けをかけることは、本人の自立のためによくない。

用例

おいおい、あんまり過保護にそんなことまで教育すると、自分で成長できなくなるんじゃないか？情けは人の為ならずって言うだろ。

《本意味》

情けを人にかけておけば、それが巡り巡ってまた自分にもよい報いがくる。

用例

情けは人の為ならずと思っていつも行動していま す。実際に、そうして生活していると、自分が困っているときに周りの人が助けてくれるんです。

ポイント

「『為ならず』って言ってるからなあ、その人のためにならないってことだよなあ」と考えるのもわかる。本来は誤用なんだが、最近は「意味変」のほうが正しいと思っている人のほうが多いかもしれない。気をつけないとなあ。

な

なしくずし【済し崩し】

◆うやむやにしといたらどうにかなるって思ってた……

《意味変（イミ・ヘン）》

曖昧にすること。少しずつ変化させて、うやむやにすること。

用例

決定的な告白はなかったかなあ。彼とはそういうのは済し崩しで付き合ったって感じかも。

《本意味（ホン・イミ）》

❶借りた金を少しずつ返済していくこと。

❷物事を一度にしないで、少しずつ片付けていくこと。

用例

済し崩し的に進めていったら、あれだけ山積みだった仕事がすっかり片付いたよ。今日は定時で帰れそうだ。

ポイント

崩すという言葉から、なんとなく、あったものを崩してなかったことにするというようなニュアンスで捉えてしまうのかも。本来は、お金を返したり物事を片付けたりすることだけど、「少しずつ」っていうところがポイントなんだね。

な

なまえまけ【名前負け】

寸胴太志っていうの!?めちゃ細じゃん!
名前負け〜
ワッハッハッハ

は〜気持ちィ!
逆にこうやってイジってもらうために体絞ってんだよな
バキバキ

《意味変（イミ・ヘン）》

相手の評判・名声に臆したり気後れしたりする。

用例

コンペの相手が前回の優秀賞者ということで、名前負けしてしまったよ。結果はご存じの通り完敗さ。

《本意味（ホン・イミ）》

名前だけが立派で、実質がそれに伴わないこと。

用例

こんなこと言っちゃったらアレだけど、子どもに「キリスト」なんて名前つけちゃって、成長したときに名前負けしないか心配じゃないのかな？

ポイント

対面前に評判や名声に怖気づいているという意味で使うと、相手に見下される可能性もあるから注意しよう。

にえゆをのまされる【煮え湯を飲まされる】

クソ…ッ
煮え湯を飲まされた！

というわけであんなつらい思いはしたくないので
センパイのことはもう信じませんっ
アラ〜

落ち着いて……ほらアメあげる
！
いただきます！

すっっっっっぱ！
信じないって言ったのに……
激梅

意味変（イミ・ヘン）

敵からひどい目にあわされる。

用例

競合他社のニケツ商事に煮え湯を飲まされたんだよ、聞いてくれ！　まったく、唖然（あぜん）としたよ。やっていいことと、悪いことがあるだろう。

本意味（ホン・イミ）

（信用する者から出された湯飲みの湯が熱湯だったということから）信用して気を許していた者に裏切られてひどい目にあう。

用例

井上とは同期だから、いろんな会話ができるくらい距離が近くて信用していたんだ。それなのに、プロジェクトの管理者を決めるときに煮え湯を飲まされて、結局井上に決まってしまったんだよ。

ポイント

もともと信用していた仲間内からされた（裏切られた）ってことなんだね。ただの煮え湯ではないわけだ。心の傷は大きいよね。

な

につまる【煮詰まる】

よ〜し
アイデアが
煮詰まったぞ！
Yeah!

どうです!?
渾身の
企画書は
ちょっと
これは…
特濃と
いうか……

誰か止める人は
いなかったんですか？
・・・・・・・・

？
？
？
？
ずっと煮詰まった
やつを見続けて
麻痺しちゃったか……

《意味変(イミ・ヘン)》

議論が行き詰まってしまって、もうこれ以上新たな展開が望めない状態になる。

用例
今日の会議で商品のアイデアについて議論を重ねたんだけれど、いい案が出ずに煮詰まってしまった。みんな疲れ切ってお手上げ状態だよ。

《本意味(ホン・イミ)》

議論・相談などが十分になされて、結論の出る状態になる。

用例
今日の会議で問題がしっかり煮詰まったね。話が先に進んでよかった。これからは具体的な作業を始められる！

ポイント

この「意味変」は誤用だと言う人もいたんだけど、どうもそうではないらしいんだ。「意味変」の使用例も結構古くからあるんだよ。そう考えると、「煮詰まる」の意味の問題は、すっかり煮詰まったのかもしれないね。

な

にやける

まったく
坪内は女みたいに
にやけてるな
フン
！

僕
もっと可愛く
なりたいんですッ
どこらへんが
にやけられて
ましたか!?
えっえっ
予想外の
反応すぎる
ビクッ

《意味変（イミ・ヘン）》

にやにやする。

用例

何にやけてんの～？　何かいいことあった？　あ、わかった、ガチャガチャでシークレット出たんでしょ！

《本意味（ホン・イミ）》

〔「にやけ（若気）」を動詞化した語〕男が色っぽい様子や姿をする。

用例

井上君、にやけてるけどどうしたの？　私より早く酔っ払っちゃった？

ポイント

「にやけ（若気）」は、もともと男色を売る若衆のことを言ったんだ。ここから、「にやけ」は男が着飾ったり媚を売るような態度を取ったりすることを言うようになった。「にやける」は、これを動詞化したってわけ。「本意味」とはかなりかけ離れているのがわかるね。

な

はたして【果たして】

ウグゥ〜仇！
果たし合いを
申し込んでやる
あんまり
自身は
ないけど……

果たして？状
不安が出ちゃった

書き直して
きなよ……

やっぱりね……
拙者には
できなかったよ……
トボ…トボ…

《意味変（イミ・ヘン）》

（疑問や仮定の表現を伴って）疑いの気持ちや事態を危ぶみながらも想定する気持ちを表す語。いったい。本当に。

用例 このコンペは私たちが勝つだろうと主任は言っていたけれど、果たしてそんな簡単にいくだろうか？

《本意味（ホン・イミ）》

結果が予想していた通りであるさま。思った通り。案の定。やはり。

用例 そういえば、今朝の天気予報で雨が強まっていくと言っていた。果たして昼過ぎから豪雨になったね。気をつけて帰ろう。

ポイント

もともとは、漢文訓読で使われていた語なんだ。「意味変」も、実は明治時代の使用例が多数あるから、果たして今ではすっかり市民権を得ているよね。

は

ハッカー【hacker】

ちょっとこのデータ
サルベージ
頼めますか？
内藤くん

ツッタカターーン!!
OK
ス
ありがとう
ほらこれ
どうぞ
ッス！

何
あげたんです？
コソ
ハッカ
あめ
彼すごく
ハッカが好き
なんだ

え!?
ハッカ好きの
ハッカー!?
わし…
シッ　本人も
イジられるの
気にしているん
ですよ！

《意味変（イミ・ヘン）》

他のコンピューター・システムに不法に侵入し、データの改変やコピーなどをして悪用する者（クラッカー）。

用例

この映画、ハッカーがハッキングして相手のコンピューターを操って、誤作動を起こした場面が一番ハラハラしたよね。

《本意味（ホン・イミ）》

コンピューターについて、高い技術と知識を持った者（ホワイト・ハッカー）。

用例

ハッカーがハッキングしてデータを改変してくれたおかげで、二次被害などの大惨事にならずにすんだ。

ポイント

今は、ハッキングという行為を悪用するのかしないのかという点で、「クラッカー」と「ハッカー」を正しく使い分けられている人も多いよね。ハッカーという言葉を使いがちだけど、彼らには悪いことをしている人たちだけではないということを覚えておこう。

はっかく【発覚】

 ◆発覚しちゃあしょうがない

《意味変（イミ・ヘン）》

物事が明らかになること。

用例

ねえ、昨日さ、同僚に私のSNSアカウントが発覚しちゃったんだよね。マジで血の気が引いたよ。

《本意味（ホン・イミ）》

隠していた悪事などが人に知られること。

用例

井上さん、一年間ずっと横領し続けていたのが発覚して懲戒免職になったらしいよ。びっくりだよね。

ポイント

その事実に悪意や罪がなければ発覚とは言わないんだ。そしたら私のあの秘密がバレたくらいでは発覚とは言わないんだろうなあ、なんか安心☆

は

はてんこう【破天荒】

君は破天荒な男だな
僕ですか？
こんな地味に生きてるのに……

グリーンカーテンをこんなに育てたの　我が社で君が初だから……！
モザザザ

《意味変（イミ・ヘン）》

奔放で型破りなこと。豪快なさま。

用例

そういえば新卒のとき、入社式からの帰り道で退職の電話をして辞めたんだったよな。私、破天荒だぜ……。

《本意味（ホン・イミ）》

〔中国の唐代、荊州（けいしゅう）からは官吏の採用試験の合格者が一人も出ず、「天荒（＝不毛の地）」と呼ばれていたが、ついに劉蛻（りゅうぜい）が合格したとき、人々は天荒を破ったと言ったという故事に基づく〕今まで誰もしたことのないことをする。

用例

今ではそこまで珍しいことではなくなったけれど、実は私が一番最初に成し遂げたことなんだよ。大学在学中に起業して成功したのはサ。そのときにはよく言われたなァ。破天荒ですごいってサ……。

ポイント

型破りという意味は同じでも、その行為が奔放なものなのか、誰もしたことのない偉業を成し遂げたのかが違う点だね。自称破天荒芸人は元気かなあ。

は

はなしのこしをおる【話の腰を折る】

同僚の沢西
列は割り込む

《意味変（イミ・ヘン）》

話を中断する。

用例
井上さん、急に話の腰を折ってたね。何か気に障ることでもあったのかなあ。

《本意味（ホン・イミ）》

相手の話を口をはさんで途中で遮ること。

用例
会議での私の発言は終わっていないよ。話の腰を折るのはやめてくれ。私の話が一段落してから君の意見を聞くよ。

ポイント

似ているけれど、中断することと、遮ることは違うよね。どっちも嫌なことに変わりないけれど。私の話を聞いて！

は

はなもはじらう【花も恥じらう】

◆きゃっ　マブッ　ビジュよすぎ～!!

《意味変(イミ・ヘン)》

恥ずかしがっている若い女性の様子を表す語。

用例

初対面の人に花も恥じらうような様子で、あの子も実は乙女だったんだなあ。

《本意味(ホン・イミ)》

〔美しい花さえ引け目を感じるという意〕若い女性の美しさを形容する語。

用例

花も恥じらう18歳でーーーすっ！　毎日楽しくて最高～～～！

ポイント

「恥じらう」の部分に引っ張られているんだろうね。美しい花さえも引け目を感じるほど、若い女性の美しさの威力は他を圧倒してすごいってこと。とはいえ、それにあぐらをかいていたら……げふんげふん。

は

はやうまれ【早生まれ】

 ◆みんな同じ誕生日になったら、こうなります

《本意味（ホン・イミ）》

一月一日から四月一日までの生まれ。またその人。（四月二日から十二月末日までに生まれた人（遅生まれ）が、数え年八歳で入学するのに対して、数え年七歳で入学することから）

用例

私もう27歳だよ！　あ、そっか、小林さんは三月の早生まれだからまだ26歳なの？　同学年なのになんかずるいなあ。時間の流れ方違うよね。

《意味変（イミ・ヘン）》

同学年内で早い月（四月や五月など）が誕生日の人。⇕遅生まれ：二月や三月などが誕生日の人。

用例

誠子さん、雰囲気がなんとなく春っぽいなと思ってたら、やっぱり早生まれなんだね！

ポイント

「同い年」の括りを、誕生年ではなく学年で考える人がいるから、こうした「意味変」が生じるのかもね。実際に、誕生年が同じでも学年が一つ上の人（早生まれの人）は年上で、誕生年が一つ下でも学年が同じ人（早生まれの人）は同い年っていう感覚はあるもんね。

は

ばんたん【万端】

準備万端
確かに
「準備万端」でしか万端って言葉見かけない……

ピュン
万端
準備
ブチ
ああっ!

プイ
準備
準備も探すの手伝って
んも〜
あいつぅ〜〜〜……
万端

単体でも意味あるっつーの!
万端
みんな知れよ……万端……知れよ!

《意味変（イミ・ヘン）》

ある物事が完了した状況。

用例

準備万端！　タイムスケジュールもしっかり考えたし、今日のプレゼンは完璧だ！　緊張しなければね……。はは。

《本意味（ホン・イミ）》

ある物事についてのあらゆる事柄。諸般。

用例

準備は万端整った？　営業先に行く前にちゃんと確認しておいてよ？　いざ行ってからアレがないコレがないってことにならないようにな。

ポイント

実は、この言葉に「整った」という意味はないんだ。だから「準備万端整った」という言い方が正しいんだね。言葉の意味や用法を万端知って、いろんなシーンに備えよう！

は

ひきこもごも【悲喜交交】

◆喜べることだけど、泣いちゃった！

《本意味(ホン・イミ)》

悲しみと喜びをかわるがわる味わうこと。
悲しみと喜びが入り交じって表れること。

用例
自分の夢のために上京する朝、自分の未来が開かれる第一歩だという気持ちと、家族や友人と離れることに対する気持ちで悲喜交交だった。

《意味変(イミ・ヘン)》

喜ぶ人と悲しむ人が入り乱れること。

用例
大学受験の合格者発表がされているボード前にいる人々は、悲喜交交だった。

ポイント

悲しみと喜びの感情を一人が感じているのか、それぞれ別の人たちが感じているのか。
それが問題なんだ。この言葉は、一人が感じているということがポイントだぞ。
どんなシーンなのかを注意して使いたいね。

は

ひもとく【紐解く】

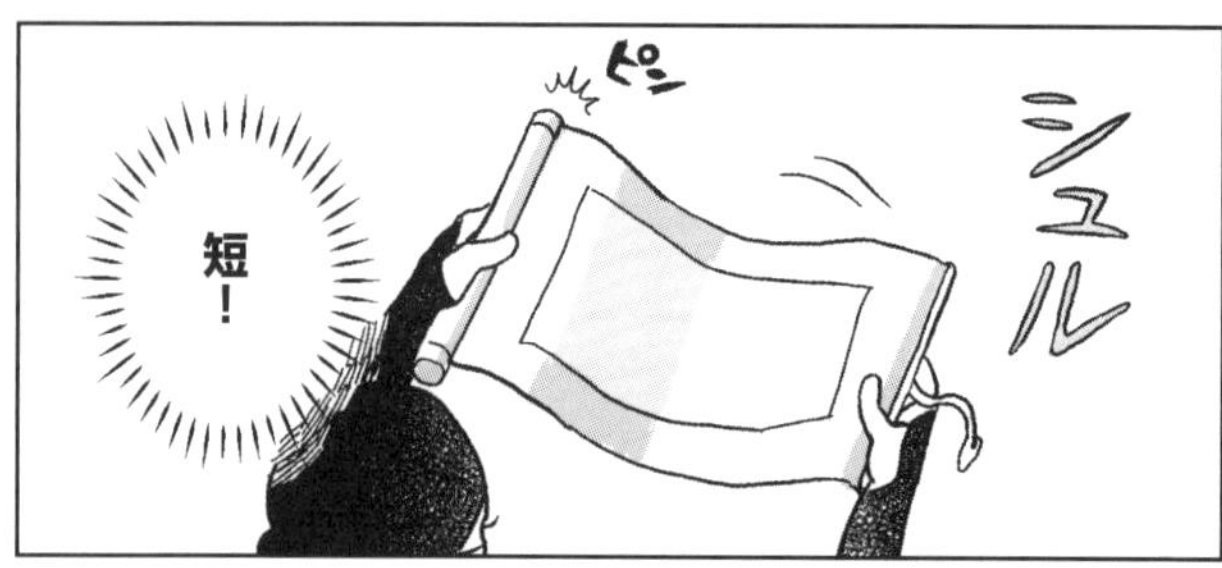

◆秘伝のタブレット、持ってます㊙

《意味変(イミ・ヘン)》

調べる、謎を解明する。

用例

謎解きが流行しているけれど、私が謎解きをするのが好きな理由は、紐解いていく過程なんだよね。あの脳を刺激しているような感覚がなんとも言えなくて好きなんだ。

《本意味(ホン・イミ)》

書物を開く。本を読む。

用例

図書館で書物に囲まれている時間が好きなんだよね。本はどこでも読めるけれど、みんなが同じ目的で集まって静かに紐解いたり勉強したりしている空間って、少し神聖な雰囲気があると思わない？

ポイント

もともとは、書物を保護するために包む覆いである「帙(ちつ)」の紐をほどいて書物を広げるというところから、書物を読むという意味になったんだね。確かに、今は紐を解く必要があるような書物を見る機会なんて滅多にないから、そのイメージはないよね。

は

ぶぜん【憮然】

ブゼン…
小林さん
憮然と
してるみたい
え〜
憮然って
どういうこと〜？

ガッカリ…
パッ
あっ
オノマトペ
変わった
わかりやす〜い！

《意味変(イミ・ヘン)》

腹を立てている様子。

用例

なんか千原部長、今日憮然としてるよね。話しかけないほうがよさそう。触らぬ神に祟りなしだね。

《本意味(ホン・イミ)》

失望、落胆して茫然とするさま。

用例

なんだか今日の小林さん元気ないね。憮然としてるっていうか……。どうしたんだろう？

ポイント

落胆してぼうっとしている様子を表す言葉だけれど、その様子がなんだか怒っているように見えて、「意味変」したんだな。ただし、ネガティブな意味で使っていることに違いはないから、憮然としている人の取り扱いには注意！

は

ふたつへんじ【二つ返事】

ヘイヘイ よろこんで～
ニヘラ
!
これは…

《本意味（ホン・イミ）》

「はい、はい」と二つ重ねて返事をすること。また、快くすぐに承諾すること。

用例

千原さん、私の頼み事は二つ返事で引き受けてくれた。そのために、いつも普段の仕事の中で千原さんには恩を売っているんだ。計画通りだ。

《意味変（イミ・ヘン）》

適当に流すこと。

用例

なんかいつも井上さん、二つ返事で真剣に対応してくれないんだよね……。だからあの人とは一緒に仕事したくないと思ってしまうなあ。

ポイント

「『はい』は一回！」ってよく言うよね。だから二つ、つまり二回返事をするということは適当に返しているという印象があるのかも。ちなみに、「二つ返事」ではなく、「一つ返事」が正しいと思っている人がいる。これも要注意だ。

は

ぼきん【募金】

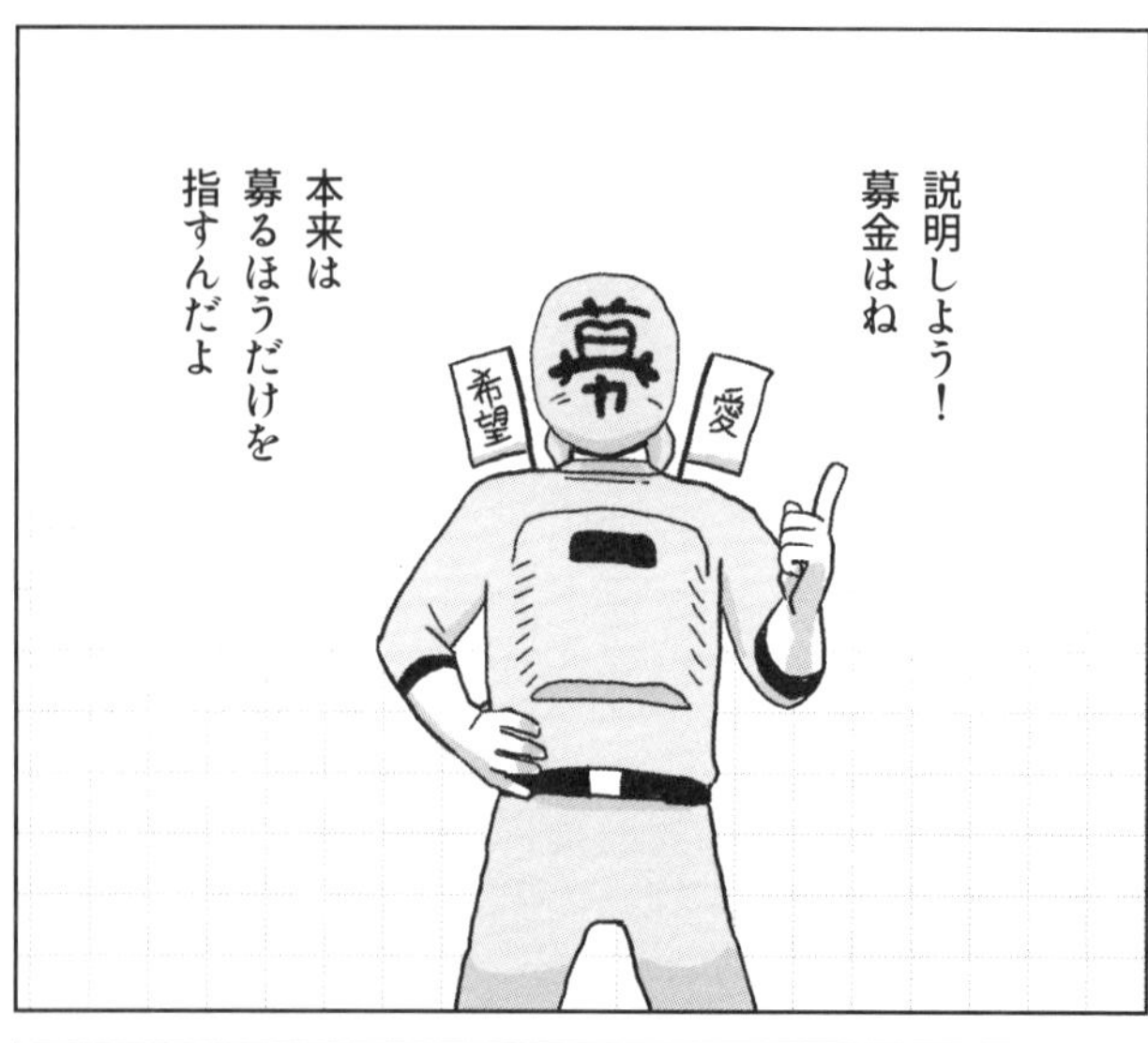
説明しよう！
募金はね
本来は
募るほうだけを
指すんだよ
希望
愛

だから
募金マンも
君たちからの募金をいつでも
受けつけているぞ！
チャリーン
チャリーン
さあ！
さあ!!

《意味変（イミ・ヘン）》

お金を寄付すること。

用例 こないだ駅前で募金活動をしている人がいたから、小額だけど募金してきたんだ。

《本意味（ホン・イミ）》

寄付などを募ること。

用例 SNSで、海外で移植手術を受ける人のために募金活動を始めた人の投稿を見たら、とても共感したんだ。そして先週末、募金活動に協力してきたよ。

ポイント

「意味変」は、寄付する側が募る側と同じ言葉を使っていることになるよね。でも、「募」は募る、広く集めるという意味だから、差し出す意味はないんだ。「意味変」は、一説には1980年ごろから学校で広まったものみたい（『岩波国語辞典』第八版（岩波書店））。

まんじりともせず

チュ〜〜〜ッ
若くて健康な
人間ッ！

しかし
この人間……
エナジードリンクを
飲んでいたのである！

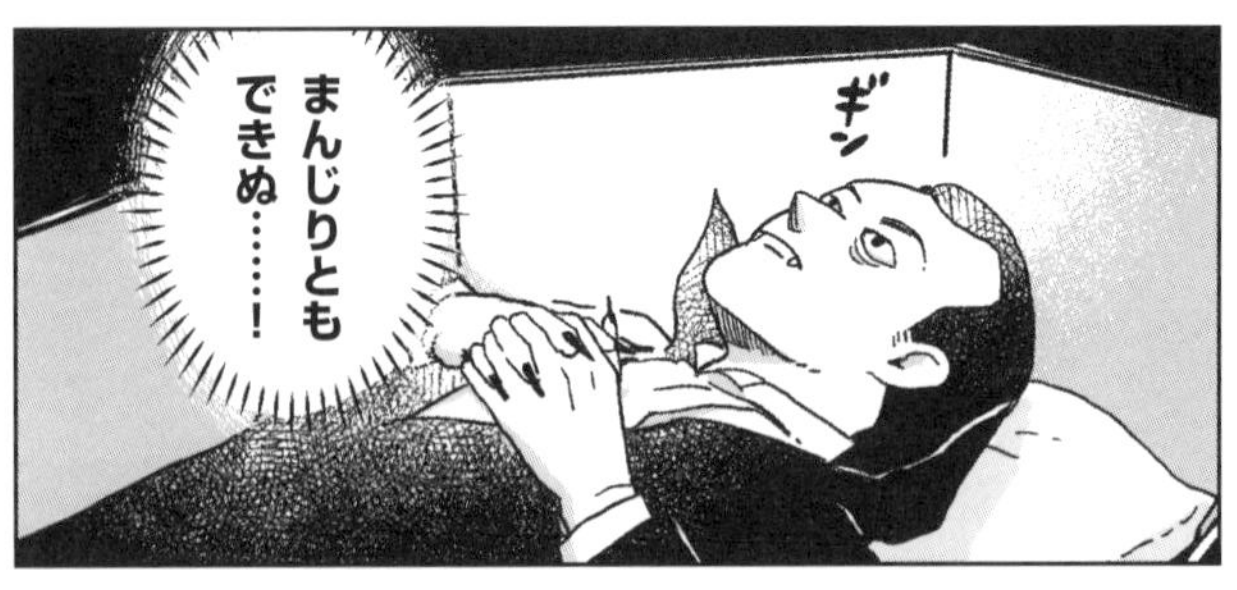
ギン
まんじりとも
できぬ……！

つらい……
チュン
チュン

意味変（イミ・ヘン）

じっと動かないさま。

用例

おい、あいつまんじりともせずに虚空を見つめているぞ、生きてるか確認してこいよ。部長が帰ってくる前にさ。

本意味（ホン・イミ）

少しも眠らないさま。

用例

いやさ、さっき仕事中に井上くんがさ、昨日まんじりともできなかったんだよって自慢げに話しかけてきてさ。もう寝てないアピールする人って絶滅したもんだと思ってたから面食らったよ。

ポイント

なんとなく、この言葉には一歩も動かない、というニュアンスが含まれているように感じられるよね。語源のよくわからない語だから、語感からかなあ……ｚｚｚ
……っは！　昨日まんじりともしてなかったから考え事すると眠気が……。
ｚｚｚ

みやくがある【脈がある】

※○ラボ
脈アリでしたよ
いいね！
俺も一緒に
行こうかな

ドクン
ドクン
※○ラボ
肉肉しい
会社だなぁ

ドクン ドクン
建物自体が
大きな生き物
なんです
確かに
脈あるな
取引先として
かと思ってた……

いえ？ もちろん
乗り気ですよ？
やったあ!!

《意味変》

気（好意）がある。

用例

脈があるかどうかってどこで判断してる？　表情？　会話？　ボディタッチ？　……何にせよ、脈アリかどうかの判断をミスったら大事故になるよな。気をつけよう。

《本意味》

見込みがある。希望がもてる。

用例

今回のプロジェクトでは品川商事の協力が不可欠だ。先日の商談では脈があるように思えたから、あと一押しというところかもしれないな。気合いを入れていこう。

ポイント

好きなあの子、気になるあの子が自分と同じように思ってくれているのかどうか、自分に脈があるかどうか、という場合に使いがちだよね。ただ、恋愛だけの意味で使われているわけではないんだ。いろんなことに脈がある人生でありたいね。

もうそう【妄想】

フ……私の助けが
必要かね？
あ…
あなたは
ザザッ

思い込みで犯人や
アリバイを決めては
現場を混乱させる……
妄想探偵！
帰ってくれ～

意味変（イミ・ヘン）

あれこれと勝手な想像を膨らませること。あるいは、性的な想像をすること。

用例

夢女子たるもの、日常的な妄想を欠かすべからず！　という精神でやらせてもろてます。本日も妄想がはかどりそうですわ。

※夢女子：女オタクの一種。「夢小説」ないし「夢」創作を好む女性を指す呼称の一つ

本意味（ホン・イミ）

根拠のない、あり得ない内容であるにもかかわらず、誤りであると立証されても訂正できない主観的な信念。

用例

その持論、あまり説得力がないな。どこに根拠があるの？　まさか、仕事で使う参考資料を君の妄想で作っていないよね？

ポイント

自分勝手にさまざまなことを想像してそれを膨らませるという意味で使っている人が多いよね。けれど、本来は「誤った判断」によっているのに容易に訂正できない考えを言うんだ。妄想癖がある人は注意して生活しよう。

やくぶそく【役不足】

学校祭準備

あの子なんでもできるのに雑用係？

役不足だよねぇ……

〝配役の鬼〟シュウマ

ジ

そんなことはないッ

力不足のところをあちこち回って補ってもらうのに彼女ほどぴったりな人は他にいるか？
確かに……

でシュウマは何係？
配役以外に俺が輝ける舞台はねぇ……
働かない気だこいつ！

《意味変》

（イミ・ヘン）

本人の力量に対して役目が大きいこと。力不足。

用例

入社一年目の私では役不足かもしれませんが、チームリーダーとして精いっぱい頑張ります！

《本意味》

（ホン・イミ）

本人の能力に対して、役目が軽すぎること。

用例

課長。先日いただいたこの案件なのですが、私には少し役不足に思います。もっと私の能力が発揮できるような案件をぜひ担当させてください！

ポイント

自分の力量をへりくだる意味で使ってはいけないということなんだな。ビジネスの場、特に目上の人に「意味変」で使ってしまうと結構恥ずかしいことになるかも。力不足がさらに際立ってしまうから注意しよう！

やぶさかではない

話題のミルクアイス買ってきたけど1個だけ足りなくてチョコ！
ごめーん！
いいよ

意味変（イミ・ヘン）

仕方なくする、渋々やる、内心は納得していないがという意。

用例

やぶさかではないが、井上さんの仕事を引き継ぐことになった。補足情報などあれば教えてくれ。

本意味（ホン・イミ）

～する努力を惜しまない。喜んで～する。

用例

え？　ええ？　今度隣の部署の安野さんを含めて食事に……？　いやあ、それはその、ううん、やぶさかではないですね。ぜひ！

ポイント

本来はポジティブな意味で使われる言葉が、ネガティブな意味で使われているんだね。「～ない」という言葉から、打ち消しの意味を連想するのかも。ふむ、そなたが私に何かしらを献上するのはやぶさかではないぞ。プリンとか食べたいね。固めプリンね。お願い。

リーズナブル【reasonable】

《意味変》

価格が安いさま。

用例

あそこのスーパーの商品、すごくリーズナブルで家計に優しいから今度行ってみて！　私なんて、安いからってついつい買いすぎちゃうんだけどね。あはは。

《本意味》

❶論理などが妥当なさま。❷価格が手頃なさま。値段が妥当であるさま。

用例

寒暖差が激しかったり、豪雨だったりで最近異常気象の日が多いじゃない？　だから野菜がこの価格でもリーズナブルなんだよなって思うようにしてるわ。

ポイント

「安い」という意味ではなく、その値付けが妥当・納得できるというのが「本意味」なんだね。とはいえ、妥当なのかというのは判断しづらい。え、何？　あなたの近所にリーズナブルな商品の多いスーパーがあるって？　引っ越そうかな。

知っておきたい 間違えやすい言葉たち

知っておいてもらいたい言葉をまだまだ紹介！

これまで紹介したもの以外にも、何の気なしに使っている言葉たちは多いはず。本来の意味と変化した意味、どちらで使っているかチェックしてみよう。

その他にも、意味を混同しやすい言葉も紹介するので、併せてチェック！

念のためチェックしておこう！

その他のイミ・ヘン用語

▽**あっかん【圧巻】**

《意味変（イミ・ヘン）》

段違いに優れた力を持っていること。また、その力で他を押さえつけること。

用例 彼のプレゼンは圧巻だった。ぐうの音も出なかったよ。

《本意味（ホン・イミ）》

全体の中で一番優れた部分。

用例 このコンペの中で、彼のプレゼンの特に最初の1分間は圧巻の出来だったな。

▽**いいえてみょう【言い得て妙】**

《意味変（イミ・ヘン）》

変な。奇妙な。

用例 同じ言葉でも世代によって認識している意味が違うなんて。言葉が時代で変化しているみたいで、なんだか言い得て妙だね。

《本意味（ホン・イミ）》

実にうまく言い表して、見事であるさま。「妙」は優れているさま、の意。

用例 「雑草という草はない」だなんて、言い得て妙だよね。牧野富太郎はすごすぎる。

▽**いうにおよばず【言うに及ばず】**

《意味変（イミ・ヘン）》

言うまでもなく。（ただし、否定する場合に

用いたとき）

用例　彼女は自他ともに認める面食いだ。だから言うに及ばず僕は、彼女の眼中にないだろう。

《本意味（ホン・イミ）》

特に述べたてる必要もない。言うまでもなくもちろんである。（一つのことを当然のこととして取り上げ、肯定的に他のことにも言及する）

用例　彼女は勉強は言うに及ばずスポーツ万能で、剣道は国体優勝者だ。

いうにことかいて【言うに事欠いて】

《意味変（イミ・ヘン）》

言うべきことを言わずに、我慢する。

用例　自分のミスではなく上司のミスだったが、言うに事欠いて口を割らなかった。

《本意味（ホン・イミ）》

（非難の意味を込めて）言わなくてもよいのに。言うべきことが他にもあるだろうに。

用例　自分の失敗を謝るどころか、言うに事欠いて人のせいにするとはあきれたやつだ。

えつらん【閲覧】

《意味変（イミ・ヘン）》

動画や芸術作品を鑑賞すること。

用例　私は昨夜、『スカイジャック』というエンタメ動画を閲覧した。

《本意味（ホン・イミ）》

書物や書類、ウェブページなどを調べながら

他

読むこと。閲読。

用例 私は昨日、資料室で文献を閲覧してプレゼン資料を作成した。

▽がぜん【俄然】

《意味変(イミヘン)》

きっぱりとしたさま。とても。断然。

用例 うちのチームのほうがメンバー個々の実力は俄然上だ。だからこのプロジェクトは成功させる、絶対にだ！

《本意味(ホンイミ)》

急に状況が変わるさま。にわかに。突然。出し抜けであるさま。

用例 流行した感染症の影響で、売り上げが俄然下がってしまった。

▽きとく【奇特】

《意味変(イミヘン)》

奇妙なことや風変わりなこと。

用例 あいつ、地獄と噂の飲み会の幹事に立候補したらしいぞ。さすがに奇特すぎる。

《本意味(ホンイミ)》

行いや心がけなどが優れていて、感心なさま。

用例 先月、小林課長が遅刻してきたときの話だけど、実はおばあさんを助けて、妊婦さんを助けて、子どもを助けたから遅刻したんだって。奇特な人だね。

▽こはるびより【小春日和】

《意味変(イミヘン)》

春先の穏やかで暖かな天気。

用例 今日は小春日和だからピクニックに最適だ。やっと春が来たのを実感するなあ。

《本意味》 小春の頃の穏やかで暖かな気候。小春は陰暦の10月の別称で、現在の11月から12月上旬にあたる。小春日。

用例 最近ずっと寒かったけれど、今日は小春日和で少し安心するね。

▽さかうらみ【逆恨み】

《意味変》 （単に）恨むこと。

用例 あの人、営業成績のいい彼を逆恨みして嫌がらせしたらしいよ。

《本意味》

❶恨みに思っていいはずの人から、逆に恨まれること。

❷好意を曲解して、逆に相手を恨むこと。

用例 井上君に少し助言したら、逆恨みされたよ。困ったもんだ。

▽じゃっかん【弱冠】

《意味変》 年齢が若いことを単に強調する意。

用例 弱冠18歳で大久保さんは小説賞を受賞した。

《本意味》 〔昔、中国で20歳を「弱」といって元服して冠を被ったことから〕男子の20歳のこと。

用例 弱冠二十歳の若武者。

しょろう【初老】

《意味変(イミ・ヘン)》**老年に入りかけた年ごろ。60歳前後を言うことが多い。**

用例 私の父ももう初老で、来年定年なんですよ。なんだか信じられないです。

《本意味(ホン・イミ)》**40歳の異称。**

用例 早いもので私も初老だ。30歳からの10年はあっという間だったなあ。

ジンクス

《意味変(イミ・ヘン)》**縁起のいい事柄。**

用例 あの木の下で告白するとうまくいくらしいとか、いろいろジンクスあると思うんだけど、全部嘘だよね。叶ったことないわ。

《本意味(ホン・イミ)》**縁起をかつぐ対象となる事柄。縁起が悪いとされていること。**

用例 いつも右足から靴を履くと転ぶジンクスが私の中であるんだよね。そういうのない？

すなをかむよう【砂を噛むよう】

《変意味(イミ・ヘン)》**悔しくてたまらないさまを言う。**

用例 この仕事を任されてからずっと力を入れていた仕事があったんだ。それなのに、感染症の流行のために中止にせざるを得なくなってしまった。まさに砂を噛むようだったよ。

《本意味（ホン・イミ）》

物事に味わいや面白みがないことのたとえ。

用例 このところ毎日が砂を噛むように感じられるんだよね。疲れているのかな。ちょっと温泉にでも行くとするか。

▽

せいぜい【精精】

《意味変（イミ・ヘン）》

（最大限の力を出してもそれが限度だという気持ちを表して）たかだか。やっと。

用例 御社もせいぜい頑張ってください。多分常勝の我々、ニケツ商事がこのコンペを勝ち取ると思いますけどね。

《本意味（ホン・イミ）》

できるだけ。精いっぱい。

用例 これからもせいぜい頑張ってください。あなたには見込みがあるのでとても期待していますよ。

▽

せかいかん【世界観】

《意味変（イミ・ヘン）》

創作物における状況設定や雰囲気。

用例 あの映画見た？ 世界観が素敵ですごく面白かった！ もう一回観たいくらい！

《本意味（ホン・イミ）》

❶世界についての見方・見解。

❷世界を一つの統一体と考え、それをどのようなものとして把握するかという見方や意義づけ。

他

用例　あの本を読んでから、私の世界観はガラッと変わった。

▽そこつ【粗忽】

《意味変(イミヘン)》**乱暴なこと。**

用例　千原くんは言い方も振る舞いもいつも粗忽だから、関わるとあまりいい気分にならないんだよね。

《本意味(ホンイミ)》**不注意でそそっかしいさま。**

用例　小林さんはいつもしっかりしていて仕事では頼りがいがあるんだけど、プライベートでは粗忽な部分もあるらしいよ。なんか、さらに好感度が上がったよ。

▽たざんのいし【他山の石】

《意味変(イミヘン)》**他人のよい言動は自分の行いの手本となること。手本にすべき他人の優れた言動。**

用例　小林さんは上司にはもちろん、部下にも丁寧で尊敬できるところが多いんだ。他山の石だといつも思っているよ。

《本意味(ホンイミ)》**〔よその山から出た粗悪な石でも、自分の玉を磨くのに利用できるという意から〕他人の誤った言動も、自分の人格を育てる助けとなることのたとえ。「他山の石以て玉を攻(おさ)むべし」。**

用例　井上くんって、この仕事に勝手な先入観があるから教育には骨が折れるけど、これも他山の石だと思って日々しっかりと接しているよ。

だんまつま【断末魔】

《意味変(イミ・ヘン)》聞くに絶えない叫び声や悲鳴、騒音。

用例 仕事中に突然断末魔が聞こえたと思ってあたりを見回したら、ただのいびきだった。

《本意味(ホン・イミ)》「末魔」は、仏教でこれを傷つけると死ぬとされる体内の極小部位）死ぬとき。死ぬ間際の苦痛や、また、それに相当する苦しみも言う。

用例 病気で断末魔の苦しみを経験してからというもの、それ以降ちょっとした怪我などでは痛くも痒くもなくなったよ。

ないこうてき【内向的】

《意味変(イミ・ヘン)》気弱な性格のこと。引っ込みがちな気質。

用例 私は内向的な性格なので、人前でプレゼンすることが何よりも苦手です。

《本意味(ホン・イミ)》心の働きが自分の内側ばかりに向いていること。

用例 別に悪いことだとは思っていないけど、私は少し内向的なところがあるんだよね。だから、もう少し他人の考えや感情に目を向けられるようになりたいと思っているよ。

他

ながれにさおさす【流れに棹さす】

《意味変》
時流に逆らう。

用例 井上くんって、流れに棹さす自分がかっこいいと思っているところがあるよね。もっと素直になればいいのに。

《本意味》
うまく時流にのれて、物事が順調にはかどる。

用例 しっかりと市場の動向を調査した甲斐があった。流れに棹さすことができたから、ひと安心だ。

ぬけめがない【抜け目がない】

《意味変》
見落としなく正確に現状を認識している。万が一の場合のための想定や準備ができているさま。

用例 小林さんは抜け目がないなあ。先週驚くほどの量のリサーチ資料をデスクに広げていたよ。だからいつも不測の事態にすぐ対応できているんだな。見習おう。

《本意味》
（自分の利益になることに）よく気がついて、手抜かりなくずる賢く立ち回るさま。

用例 井上って抜け目がないなと驚く瞬間がたくさんあるんだよ。そういうやつが出世していくんだよなあ。

はなにつく【鼻につく】

《意味変》

人の振る舞いなどがうっとうしく感じられる。また、言葉が嫌みに感じられる。

用例 なんか、井上の話し方が鼻につくんだよなあ。そう思わない？

《本意味(ホン・イミ)》

臭いが鼻につきまとう。

用例 最近、彼の香水の臭いが鼻につくようになった。

▽

わるびれる【悪びれる】

《意味変(イミ・ヘン)》

悪事をはたらいて悪いと思う。

用例 不正をした千原さん、悪びれる様子もなく退職したらしいよ。もともとそういう人だったよね。

《本意味(ホン・イミ)》

気後れがして恥ずかしくなったり、卑屈になったりする。

用例 自分の不始末を悪びれることなく話すなんて、ちょっとどうかしているよね。

他

混同してるかも?

似ていて迷うあの言葉

愛想……?

△ 愛想をふりまく

○ 愛嬌をふりまく

青田……?

○ 青田買い

○ 青田刈り（本来は「青田買い」。「青田刈り」も広まっている）

明るみに……?

× 明るみになる

○ 明るみに出る（表立つ。公になる）

○ 明らかになる

足……?

△ 足元をすくう

○ 足をすくう

暗雲が……?

○ 暗雲が垂れ込める（何か事件が起こりそうな、不穏な気配を言う）

△ 暗雲がたちこめる

怒り心頭に……?

× 怒り心頭に達する

○ 怒り心頭に発する（激しく怒ること）

いやが……？

○ 弥が上にも（その上にますます。なお、いっそう）

○ 否が応でも（否でも応でも。なにがなんでも）

上には上が……？

△ 上には上がいる

○ 上には上がある

押しも押され……？

○ 押しも押されもせぬ（他人に圧倒されない。びくともしない。れっきとした）

× 押しも押されぬ

汚名……？

×（△）汚名挽回

○ 汚名返上（悪い評判をしりぞけて、名誉を回復する意）

……にかなう？

○ お眼鏡にかなう（目上の人によいと認められる）

△ お目にかなう

危機……？

× 危機一発

○ 危機一髪（髪の毛一本ほどのわずかな差で危機に陥りそうな、極めて危険な状態）

他

苦渋を……？

△ 苦渋をなめる

○ 苦汁をなめる（苦い経験をする。苦しくつらい思いをする）

△ 苦渋を味わう

声を……？

△ 声をあらげる

○ 声をあららげる

……を濁す？

○ 言葉を濁す（はっきり言わずにぼかす）

○ 口を濁す

○ お茶を濁す（表面だけ取り繕ってその場をごまかす）

采配を……？

△ 采配をふるう

○ 采配を振る（指図する。指揮をとること）

○ 采配をとる

食指……？

× 食指を伸ばす

○ 食指が動く（食欲が起こる。興味や関心を持ち、してみたい気持ちが起こる。また、自分のものにしたくなる）

× 食指をそそる

白羽の矢が……？

○ 白羽の矢が立つ（多くの人の中から犠牲者として選び出される）

× 白羽の矢が当たる

心血を……？

○ **心血を注ぐ**（心身のありったけを注いで物事にあたる）

× **心血を傾ける**

雪辱を……？

○ **雪辱を果たす**（勝負などで負けたことのある相手に、次に勝って負けた恥をすすぐこと）

× **雪辱を晴らす**（※「晴らす」は不快な気持ちを取り去る意で、雪辱も「受けた恥や汚名を払うこと」という意味のため重複表現になる）

出る……は打たれる？

○ **出る杭は打たれる**

△ **出る釘は打たれる**

……の宝刀？

○ **伝家の宝刀**（その家に代々伝わっている名刀のこと。いざというとき以外は使わない、とっておきの切り札を言う）

× **天下の宝刀**

天地……？

○ **天地神明**（全ての神々をさす）

× **天地天命**（「天命」は天の命令のこと。また、宿命、天寿）

他

取りつく……？

○ 取りつく島がない（話を進めるきっかけが相手に対して見つからない）

× 取りつく暇がない

……が悪い？

○ 寝覚めが悪い

× 目覚めが悪い

熱に……？

× 熱にうなされる

○ 熱に浮かされる

○ 悪夢にうなされる

……を醸す？

○ 物議を醸す（世間の議論を引き起こす）

× 論議を醸す

法案が……？

× 法案が成立

○ 法案が可決

○ 法が成立

※「案」がついているものは、まだ議会を通過していないため成立することはあり得ない

間が……？

○ 間が持たない（「間が持てない」が本来の言い方）

○ 間が持てない（時間を持てあます。会話

が途切れがちで、うまくつなぐことができない）

的を……？

○ **的を得る**（「正鵠を得る」（物事の急所を正確につく）」という慣用句から。「的を得る」は誤用とされてきたが、最近はこれを認める辞書も出てきた）

○ **的を射る**（弓で矢を放ち的に命中することから、的確に要点を捉える意）

眉を……？

○ **眉をひそめる**

△ **眉をしかめる**

耳ざわり……？

○ **耳触り**（聞いたときの感じ）

○ **耳障り**（聞いていて不愉快、またはうるさく感じるさま）

……を張る？

○ **論陣を張る**（論理を組み立てて議論を展開する）

× **論戦を張る**

○ **論戦を展開する**（意見を戦わせることを言う）

他

監修者おわりに

私は長年国語辞典の編纂（へんさん）に携わってきました。担当した辞典の数は十数冊にもなります。辞書編集者としての私の最大の仕事は、言葉の意味の変遷を追い続けることでした。言葉は生き物だと言われますが、まさにそのことを肌で感じる日々だったのです。

言葉が生き物だということは、たぶん皆さんも実感していることでしょう。ところが、なぜか世間には、この変化を誤用だと考える人がいます。さらに困ったことに、その人たちの中には、自分が使っている言葉が正しく、変化した言葉を使うのは許せないので、それを正さなければならないと思っている人が結構いるのです。許せないと心の中で思うだけならいいのですが、それをわざわざ指摘する人もいます。しかもちょっと攻撃的に。

言葉の変遷を追いかけてきた私には、そのような人たちが正しいと主張している言葉の意味や用法って、本当に正しいのだろうかと思うことがあります。正しいと思っていた意味も、実は変化して生まれたものだったという事例も少なからずあるからです。

こんなことを言うと、辞書編集者のくせにと批判を浴びるかもしれません。しかし私は、言葉にとって最も大事なこととは、その意味や使い方が正しいかどうかはもちろんですが、それよりも、言葉のことを深く知り、自分の気持ちを相手にうまく伝えられるかどうかだと思っています。どのような場面でも、相手の立場や気持ちに十分配慮しながら、言葉を使えるようになることが肝心だと考えています。そのためには、その言葉がどのように変化したのか、それが世代間でどのように受け止められているかを、まず理解する必要があるのです。

皆さんは、使う言葉一つで、相手からの評価が変わってしまったという苦い経験はありませんか？　言葉の使い方だけで評価が決まるなんて、こんな理不尽なことはありません。でも本書をお読みくだされば、きっとその言葉を使う前に、上司や部下がどこにこだわっているのか予測がつくようになるでしょう。

本書が少しでも、違う世代の人とコミュニケーションを取る際の手助けとなりますように。

神永　暁

二〇二三年八月吉日

五十音順総索引

あ行

か行

さ行

た行

【監修】

神永 曉（かみなが・さとる）

辞書編集者
元小学館辞典編集部編集長
1956年、千葉県生まれ。80年、小学館の関連会社尚学図書に入社。93年、小学館に移籍。尚学図書に入社以来、37年間ほぼ辞書編集一筋の編集者人生を送る。『日本国語大辞典 第二版』『現代国語例解辞典』『使い方の分かる類語例解辞典』など多数の辞典を担当。2017年2月に小学館を定年で退社後も、『日本国語大辞典 第三版』に向けての編纂事業に参画している。また、NPO法人「こども・ことば研究所」を共同設立し、「辞書引き学習」を広める活動を行っている。著書に、『悩ましい国語辞典』（時事通信社／角川ソフィア文庫）、『微妙におかしな日本語』（草思社）など。

【イラスト・マンガ】

dollly（ドリー）

『チュンまんが』全2巻（KADOKAWA）発売中。「オモコロ」「ジャンプ+」で漫画掲載中。
𝕏（旧Twitter）アカウント：@ ddddolly
Instagramアカウント：@ dollly_ookiitori
ブログ「dollyのマンガ屋さん」：https://dollly.blog.jp/

ブックデザイン／木村勉
DTP／横内俊彦
校正／新沼文江
企画・編集／石島彩衣

意味変語彙力帳

2023年 9 月20日　初版発行

監　修　神永 曉
発行者　野村直克
発行所　総合法令出版株式会社
〒103-0001 東京都中央区日本橋小伝馬町 15-18
EDGE 小伝馬町ビル 9 階
電話　03-5623-5121
印刷・製本　中央精版印刷株式会社

ISBN 978-4-86280-918-6
総合法令出版ホームページ　http://www.horei.com/